Schirner Verlag

CLAUDIA FABIAN

WILLENS stärke

die große
KRAFT in DIR

Schirner
Verlag

Wir verzichten auf das Einschweißen unserer Bücher – **UNSERER UMWELT ZULIEBE!**

ISBN 978-3-8434-1405-0

Claudia Fabian:
Willensstärke –
die große Kraft in dir

Umschlag: Simone Fleck, Schirner,
unter Verwendung von # 1033073062
(© Plasteed), # 144072169 (© Peter Hermes
Furian), www.shutterstock.com
Layout: Simone Fleck, Schirner
Lektorat: Natalie Köhler, Schirner
Printed by: Ren Medien GmbH, Germany

www.schirner.com

1. Auflage Oktober 2019

Inhalt

Quo vadis – Wohin gehst du?

In meinen Vorträgen und Seminaren erlebe ich immer wieder, dass die Teilnehmerinnen und Teilnehmer zwar viel Wissen angehäuft haben, jedoch die Tools für das Umsetzen nicht kennen und ihr Leben dadurch nicht entscheidend verbessern können. Die Vergangenheit ist stattdessen präsent und hält in Mustern gefangen, sodass sie in alten Gedanken und Verhaltensstrukturen verhaftet bleiben. Manchmal stehen viele unterschiedliche Bedürfnisse im Raum und erschweren die Fokussierung auf das, was sie tatsächlich brauchen und möchten. Sie werden unsicher, verlieren das Vertrauen in sich selbst und sehen den Wald vor lauter Bäumen nicht mehr.

Gleichzeitig fehlt die Stärke, neue Herausforderungen anzunehmen und langfristig zu verfolgen, wenn wir keine konkreten Ideen haben, wie wir Erkenntnisse in wertvolle Erfahrungen transportieren. Lösungsunterstützende Erkenntnisse gehen verloren und geraten damit schnell in Vergessenheit, da sie eben nicht in den Alltag integriert werden konnten. Das ist schade, irgendwann frustrierend und in letzter Konsequenz demotivierend.

Wie kommt es, dass einige Menschen ihre Ziele erreichen und andere wiederum nur davon reden, jedoch ihrem Wunsch nicht spürbar näher kommen? Wie erlangen wir diese Willenskraft, die uns befähigt, Situationen zeitnah, mittelfristig und langfristig zu unseren Gunsten zu verändern? Was unterstützt und fördert uns dabei, und was hindert uns daran und hält uns zurück, entschlossen eine neue Richtung einzuschlagen? Wie können wir unseren Kopf und unsere gute Intuition wieder zusammenbringen, um bestmöglich für uns zu agieren? Sind Willenskraft und Umsetzungsvermögen Gaben, die wir von Geburt an haben, oder aber sind sie etwas, was wir erlernen können? Und wenn ja, wie geht das? Welche Tools gibt es, und wie kommen wir ans Ziel? Antworten auf diese Fragen und darauf, wie wir durch die Aktivierung unserer Willenskraft die kleinen und großen Krisen des Lebens angehen und durchstehen, sind das Geschenk dieses Buches an dich.

Schon als junge Frau hörte ich immer wieder: »Du weißt ja, was du willst, und hast eine Menge Willenskraft.« Ich fand mein Verhalten völlig »normal«, meine Sinne waren allerdings geschärft, und ich wollte entdecken, was Willensstärke ausmacht und was es braucht, um diese Kraft in uns zu wecken und auszubauen. Ein persönliches Erlebnis hat mich vor einiger Zeit dazu veranlasst, mich intensiver mit dem Thema auseinanderzusetzen, vor allem, da ich immer wieder nach meiner Herangehensweise gefragt wurde. Mein Erlebnis, das jedoch für viele unterschiedliche Herausforderungen steht, und die erstaunlichen Erfahrungen teile ich hier mit dir. Sie sind eine lebensnahe Anleitung für kraftvolles Umsetzen.

Gleich vorneweg gesagt: Meiner Erfahrung nach ist Willensstärke lernbar und vor allem trainierbar – daher keine Sorge, wenn der Erfolg bislang überschaubar war. Es braucht Engagement, etwas Arbeit und Zeit, die wir in uns selbst investieren, also in die Person, die uns am wichtigsten sein sollte. Und wir müssen konkret wissen, was wir wollen, oder eine Vision haben. Das ist oftmals jedoch nicht der Fall. **Wie wir blockierende Glaubenssätze entdecken, unsere Bedürfnisse und deren persönlichen Mehrwert für uns erkennen, uns motivieren und Rahmenbedingungen erschaffen, die uns das langfristige Ziel auch erreichen lassen, dabei alles mit unserem Herzen abgleichen und somit wieder in Einklang mit unserem Innersten finden, erfährst du in den nächsten Kapiteln.** Denn wenn es uns gut geht, wenn wir unsere Wünsche verfolgen und zufrieden und glücklich sind, wird unser Umfeld eine spürbare, positive Resonanz erfahren. Unsere Zeit und Energie für uns selbst aufzuwenden, ist eine Investition, die im positiven Sinne vielfach zu uns zurückkommt. Die Voraussetzung für das alles ist jedoch die Bereitschaft, mit sich selbst in einen Dialog zu kommen, denn nur wir wissen, was das Beste für uns ist. Wir sind diejenigen, die darüber bestimmen, eine getroffene Entscheidung beizubehalten oder eine neue Entscheidung vorzunehmen, die jetzt besser zu unserem Lebensweg passt. Diese Entscheidungen zu kommunizieren und die Menschen in unserem Umfeld über das, was für uns bedeutsam ist, zu informieren, bietet das Potenzial echter Unterstützung und bedingungsloser Liebe.

Was ist also in meinem Leben passiert? Vor einiger Zeit hatte ich mein Wohlfühlgewicht verloren. Mehrere Veränderungen in meinem Leben kamen zusammen. Meine Aufmerksamkeit hatte sich mal in die eine, und die andere Richtung verschoben. Unterschiedlichste Bedürfnisse mit hoher Wichtigkeit wollten beachtet und erfüllt werden. Obwohl ich schon immer gern zu meinem eigenen Wohlbefinden und für meine Gesundheit auf eine gesunde Ernährung geachtet habe, hatten sich die Prioritäten so verschoben, dass ich irgendwann aus meiner ganz persönlichen Balance gekippt bin. Eine Situation, die fast jeder aus dem eigenen Leben kennt. Für mich wurde die Frage wichtig, was es braucht, um meine innere Stabilität wiederzufinden, die mich auch in stürmischen Lebensphasen auf Kurs hält und mir klar vor Augen führt, was mein Wunschweg ist, und vor allem, warum.

Unser gesamtes System ist bestrebt, dass unser Körper in seiner Kraft bleibt, unser Geist lebendig und interessiert und unsere Seele zufrieden mit dem von uns eingeschlagenen Weg ist. Dann sind wir glücklich, gelassen und ausgeglichen. Wenn wir jedoch unseren Körper, unseren Geist oder unsere Seele missachten oder vernachlässigen, wird das unweigerlich – früher oder später – negative Auswirkungen haben, die sich ganz unterschiedlich darstellen. Zum einen erleben wir Verhaltensänderungen, zum anderen aber auch Reaktionen wie zum Beispiel Schlafstörungen, Nervosität, Gereiztheit, Antriebslosigkeit, und natürlich zeigt sich die fehlende Balance in letzter Konsequenz durch Krankheiten. Wir sind geschwächt und werden anfällig für Bakterien, Viren … Gleichzeitig sind Krankheiten immer ein Zeichen dafür, dass wir nicht mehr in der Balance sind, und daher ein hilfreiches Signal, um den aktuellen Weg zu überprüfen und zu korrigieren.

Dass ich aus meiner Mitte geraten bin, konnte ich gut daran erkennen, dass ich mit mir selbst unzufrieden wurde und zunehmend auch mit anderen. Mir fehlte die Gelassenheit, mit den kleinen

Herausforderungen des Alltags umzugehen. Gleichzeitig setzte eine gewisse Trägheit ein, und ich wurde anfällig für leichte Erkältungen. Keine gute Kombination. Ein solcher Umstand weitet sich unweigerlich auf unser Leben gemeinsam mit dem Partner, den Kindern und natürlich auch das berufliche Umfeld aus. Die innere Ungeduld und die Gegebenheit, dass wir NICHT den Bedürfnissen nachgehen (können), die uns ganz persönlich wichtig sind, um in der Balance zu bleiben, führt dazu, dass wir von anderen genau das erwarten: dass sie erkennen und wissen, was wir brauchen, sodass wir wieder in die Lebensfreude kommen. Das funktioniert nur sehr eingeschränkt, denn zum einen hat die Person, an die wir diese Erwartungen haben, ihre eigenen Aufgaben hinsichtlich ihrer »Bedürfniserfüllung«, und zum anderen ist die eigene Zufriedenheit unsere persönliche Aufgabe und Verantwortung. **Nur wir wissen, wie sich unser Leben für uns anfühlt, und was uns stärkt oder schwächt, können nur wir selbst seriös beantworten.** Das Leben ist unsere alleinige Verantwortung in dem Sinne, dass wir die Antwort auf das finden, was wir brauchen, und entsprechend verantwortlich handeln.

Die Erfüllung unserer Wünsche und Bedürfnisse rückt mit Verhaltensmustern wie Ungeduld, Aggression oder Trägheit automatisch in weite Ferne. Die Konzentration auf das Wesentliche fehlt, die Willenskraft sinkt und unsere Energie ebenfalls. Mit einem geringen inneren Energielevel reagieren wir tendenziell eher als zu agieren. Unsere Batterien fangen an, sich aufzubrauchen, ein Aufladen erfolgt nicht mehr in dem Maß, wie es in einem erfolgreichen und zufriedenen Leben möglich ist.

Irgendwann kam ein Punkt, an dem ich laut »STOPP« sagte und mich aktiv auf eine Lösungssuche begab, die nichts mit Pillen, Pulvern und Hungern zu tun hatte. Ganz im Gegenteil: Mein Anliegen war und ist es, gesund zu leben und mich in meiner Haut gut zu fühlen. Mein Körper durfte wieder in eine Balance mit meiner Seele und meinem Geist kommen – trotz aller Alltagsherausforderungen. Also machte ich die Augen auf und begann, zu recherchieren, um mein Ziel, mein ganz persönliches Wohlfühlgewicht, wiederzuerlangen und meine Gesundheit zu stärken. Was man dazu braucht, so stellte ich schnell fest, sind Entschlossenheit und vor allem Willenskraft. Und »zufällig« erinnerte ich mich an eine Ayurvedakur, die ich vor Jahren genießen durfte – dazu später mehr.

Für dieses Buch habe ich zwei Beispiele gewählt, ein berufliches und ein privates, die wir aus unterschiedlichen Blickwinkeln betrachten werden. Damit du sie gut erkennen kannst, haben sie zwei unterschiedliche Farben. Beide Ziele sind langfristig, echte »Klassiker«, für die wir unsere Willenskraft benötigen: Die Themen »weniger Arbeiten« und »Abnehmen«. Sie beide sind individuell anwendbar und stehen exemplarisch für sehr viele Ziele.

Das Thema »Abnehmen« ist sehr häufig mit dem Bedürfnis nach einem gesunden Körper verbunden und kann daher als übergeordnetes Beispiel für unsere Gesundheit stehen. Sie ist ein hohes Gut, das wir leider oft als selbstverständlich hinnehmen, bis zu diesem kritischen Zeitpunkt, wenn wir krank werden und plötzlich viele andere Umstände und Wünsche bedeutungslos sind.

Natürlich wollen wir alle gesund sein, jedoch: Was sind wir bereit, dafür aktiv und langfristig zu tun? Das Ziel »gesund sein« ist häufig zu unkonkret, zeigt uns nicht den **persönlichen Mehrwert im Detail** auf und ist somit kein **echter Ansporn.** Was es braucht, ist, unseren persönlichen Mehrwert zu erkennen – die Gründe, warum wir ein konkretes Ziel verfolgen, und die Emotionen, die damit in Verbindung stehen.

Wenn ich zum Beispiel beginne, regelmäßig zu wandern, weil ich mir gern mein Ziel ermöglichen möchte, den Jakobsweg zu gehen, der mich schon seit Jahren (theoretisch) begeistert, wird mich dieser Wunsch langfristig meinem Ziel näher bringen, als wenn ich beginne, zu wandern, weil mein Partner das möchte oder weil ich gelesen habe, dass es gut für die Gesundheit ist.

Es ist wichtig, zu erkennen, was genau uns noch blockiert, die tiefen Gründe zu finden, warum wir etwas erreichen wollen, um die konkreten Rahmenbedingungen zu wissen und das Ziel klarer und so greifbar darzustellen, dass wir es auch tatsächlich langfristig verfolgen.

Die beiden gewählten Beispiele, die anschaulich durch die einzelnen Kapitel begleiten, bieten einen Leitfaden zur Aktivierung deiner Willenskraft. Sie können Motivator sein, die eigenen Ziele jetzt zu verwirklichen.

In meinem ersten Buch »Wertschätzend kommunizieren – achtsam miteinander umgehen« (erschienen 2016 im Schirner Verlag) habe ich von einer »Verabredung mit uns selbst« gesprochen. Gemeint war damit, dass wir bereit und offen dafür sein dürfen, Neues über uns zu entdecken, so, wie wir neugierig darauf sind, einen Menschen, der uns interessiert, richtig kennenzulernen. Dieser Mensch sind wir in diesem Fall nun selbst. Und dieses Mal fügen wir noch ein Versprechen hinzu, das wir uns geben. Das Versprechen, uns jetzt an die erste Stelle zu setzen, mit Achtsamkeit und innerer Weisheit eine neue Richtung einzuschlagen und die Verantwortung für unser Leben klar zu übernehmen. Wir haben das Ziel, uns noch besser kennenzulernen und Entscheidungen nachhaltig zu unserem eigenen Wohl zu treffen, um uns ein erfülltes, glückliches und liebevolles Leben zu gestalten.

Die Macht unserer unentdeckten Gedanken

Bist du bereit, Neues zu entdecken? Bist du offen für neue Erlebnisse und Erkenntnisse? Oder aber herrschen in dir Gedanken, die dich weniger beflügeln?

Spätestens jetzt ist der Moment gekommen, dich von Gedanken wie »Das geht eh nicht«, »Dazu habe ich kein Talent«, »Dafür habe ich keine Zeit«, »Das ist bestimmt zu kompliziert/aufwendig für meinen Alltag« … zu verabschieden. All diese Gedanken hindern am kreativen Umsetzen und verbauen den Blick auf die variantenreichen Möglichkeiten, die vor uns liegen. Wenn wir glauben, wir hätten keine Chance, etwas zu erreichen, werden wir uns gegebenenfalls nicht auf den Weg machen. Vielleicht laufen wir dennoch los, aber mit dem Gedanken des Scheiterns im Hinterkopf gehen wir diesen neuen Weg nicht mit aller Kraft, die uns grundsätzlich zur Verfügung steht.

Lasst uns gemeinsam KEINE weiteren Ausreden suchen, sondern nach Lösungen Ausschau halten.

Solltest du solche oder ähnliche Gedanken haben, mache dir diese klar. Lege dir einen Block bereit, und notiere den Tag über, was du so über dich, deinen Partner, deine Kinder, dein Umfeld … denkst. Es geht darum, dein Selbstbild und die Bewertungen, die sich daraus ergeben, besser kennenzulernen. Eine faszinierende Übung, die immer wieder Erstaunliches zutage bringt und uns bewusst in die Lage versetzt, lebensverändernde Aktionen zu unserem höchsten Wohl zu gestalten. Oder mit anderen Worten: Finde die Gedanken und den inneren Dialog, den du mit dir selbst führst, und überprüfe, ob sie dich auf deinem Weg behindern oder ob sie motivierend sind und dir Kraft und Stärke geben. Versuche, Automatismen dahinter zu erkennen. Wenn ein Gedanke immer wieder kommt, ohne dass du seinen Ursprung kennst, stelle dir die Frage: »Stärkt oder schwächt mich dieser Gedanke?«

Wir denken rund 60.000 bis 100.000 Gedanken pro Tag! Viele Gedanken davon kehren täglich wieder. Wenn wir erkennen, dass wir Gedanken wie »Ich schaffe das nicht« oder »Ich kann das eh nicht« innerlich formulieren und glauben, können wir uns ansatzweise vorstellen, wie massiv wir unser Unterbewusstsein programmieren. Hören wir derartige Sätze von anderen oder auch von uns selbst, lösen diese Stress aus, denn sie sind destruktiv, erschaffen Hoffnungslosigkeit oder Frust und sind überhaupt nicht dafür geeignet, eine zukunfts- bzw. lösungsorientierte Sicht zu ermöglichen. Ganz nebenbei verringern wir mit ihnen unseren eigenen Selbstwert und unser Selbstwertgefühl. Wir muten uns nichts zu, führen uns selbst in eine gewisse Handlungsunfähigkeit, und das wiederum löst weitere Ängste und Unsicherheit aus. Nichts, was wir wirklich wollen, oder?

Moment zum Innehalten

Entdecke die Verbindung deiner Gedanken und Körperreaktionen

Solltest du einen oder mehrere Sätze in deinem inneren Dialog gefunden haben, von denen du nicht genau weißt, ob sie dich fördern oder begrenzen, möchte ich dir hier eine kleine Bewusstseinsübung anbieten, um dir die wichtige Erkenntnis zu ermöglichen, wie **machtvoll Gedanken sein können.**

1. Nimm dir einen Moment Zeit für dich und die entdeckten Sätze, und schreibe sie auf. Beginne dann mit einem Satz, indem du ihn dir vorliest. Schließe die Augen, und wiederhole diesen Satz für dich. Achte dabei darauf, wie dein Körper reagiert.

2. Spürst du einen Druck in deiner Magengegend oder auf der Brust? Entsteht zum Beispiel ein Gefühl von Traurigkeit, Ärger oder Mutlosigkeit? Dann hast du einen Satz gefunden, der dich stresst und dich bei der Erfüllung deiner Ziele behindert.

3. Oder taucht ein Gefühl von Freude und Leichtigkeit auf? Setzt du dich entschlossen auf und bist bereit, dem, was vor dir liegt, mit Interesse und Neugierde entgegenzugehen? Dann hast du einen Satz und eine innere Haltung gefunden, die dich bestärken und dich beim Erreichen deiner Ziele unterstützen. Diese Sätze sind es, die dich mental und körperlich fördern. Halte nach ihnen Ausschau, oder kreiere sie dir! Öffne wieder deine Augen, lies den nächsten Satz, und beginne von vorn.

Alle Glaubenssätze sind nur Gedanken, die wir von anderen übernommen oder selbst kreiert haben und die wir – teilweise unbewusst – als Wahrheit angenommen haben. Achte deshalb auf das, was du denkst, denn diese Glaubenssätze zeigen sich häufig in Form von Ängsten. Es gibt Untersuchungen, die belegen, dass von allen Szenarien, über die wir uns über den Tag verteilt Sorgen machen, nur 5–10 % tatsächlich Realität werden. Das bedeutet im Umkehrschluss, dass wir mit sorgenvollen Gedanken unsere Zeit und Energie verschwenden, denn rund 90 % von ihnen werden sich niemals bewahrheiten. Was glaubst du, wie hoch ist dein ganz persönlicher Prozentsatz an Sorgen und unwahren Gedanken?

Wenn wir solche Sätze nicht in unserem Repertoire haben, nicht glauben, werden sie keine negativen Auswirkungen auf uns haben können. Stattdessen werden an ihre Stelle Lebensfreude treten, Neugierde, der Wunsch, in die Aktion zu gehen, Förderliches für uns aktiv umzusetzen und damit unser Leben zu gestalten. Wie fühlt sich das an? Nach Aufbruchstimmung? Das ist gut so!

Wir allein entscheiden, wie wir mit uns kommunizieren. Wir entscheiden, ob wir belebende, aufbauende oder aber demotivierende Gedanken haben, und sind in der Lage, uns entsprechend zu fördern oder eben nicht. **Es sind die förderlichen Gedanken, die unsere Willensstärke aktivieren und die wir dringend brauchen, wenn wir neue Horizonte entdecken möchten.** Sie geben Mut für die ersten und nächsten Schritte, sind die Basis für Veränderungen und daher elementar wichtig für jede Art der aktiven Lebensgestaltung. Und letztlich ist es faszinierend, welche Möglichkeiten sich auftun, wenn wir uns erst einmal auf den Weg begeben.

Die Entdeckung der persönlichen Glaubenssätze

Als ich meine eigenen Glaubenssätze überprüfte, die ich zum Thema »Essen« hatte, kamen mir sofort Sätze meiner Großmutter in den Sinn. Eine wunderbare Frau, die ich zutiefst verehrt habe. Sie hatte in jungen Jahren den Krieg mit all den Entbehrungen erlebt. Ihre Wohnung war unbewohnbar geworden, und sie hatte mit ihren kleinen Kindern aufs Land ziehen müssen. Oft hatte sie nicht gewusst, wie sie alle satt bekommen sollte. Ein Schicksal, das viele mit ihr teilten und das sie ihr ganzes Leben gedanklich begleiten sollte. Zu mir sagte sie regelmäßig: »Kind, iss noch etwas« oder auch: »Du brauchst etwas zum Zusetzen, man weiß nie, was kommt«, womit sie meinte, ich sollte etwas mehr Reserven auf den Rippen haben, um in schlechten Zeiten davon zehren zu können. Selbstverständlich habe ich diese Sätze geglaubt. Als Kind stellt man Derartiges nicht infrage. Oft genug wiederholt, haben sie sich in mein Unterbewusstsein eingegraben und für entsprechende Ängste gesorgt. Diese Ängste, nicht zu wissen, ob und wann die nächste Mahlzeit zur Verfügung steht, haben sich in mir als tiefer

Glaubenssatz festgesetzt. Bedauerlicherweise brauche ich für mein persönliches Wohlgefühl regelmäßige Mahlzeiten und konnte somit noch nie »auf Vorrat« viel essen.

Weitere Glaubenssätze, die mich beeinflussten, kamen erst später dazu – mit einem gewissen Alter: »Wenn wir älter werden, werden wir automatisch dick«, »Man kann eh nicht verhindern, dass man zunimmt.« »Wenn ich ohnehin keine Chance habe, meine Figur zu halten« – so manifestierten sich die nächsten Gedanken – »kann ich auch essen, was ich will. Es ist egal.« Es war genau dieser Glaubenssatz, der letztlich die Veränderung zum vermehrten Gewicht begünstigte und erst so richtig möglich machte. Denn ***wenn wir Sätze glauben*** *wie »Ich habe keine Chance, mein Wohlfühlgewicht zu halten«, werden wir Lebensmitteln zusprechen, die uns zunehmen lassen, und uns* ***nicht*** *mit den Alternativen beschäftigen, die es uns ermöglichen, schlank zu bleiben – und zwar auch im Alter.*

Meine neuen Glaubenssätze waren fortan für mich:

- *»Ich werde immer ausreichend Nahrung haben!«*
- *»Ich werde in jedem Alter schlank sein und mein Wohlfühlgewicht halten!«*

Das fühlte sich gleich ganz anders an: bestärkend und hoffnungsvoll.

Wertvolle Erkenntnisse zur Macht unserer Gedanken – kurz zusammengefasst

- Deine Gedanken lösen eine körperliche Reaktion aus – immer. Lerne dich, deine Gedanken und deine körperlichen Reaktionen auf diese Sätze kennen.
- Deine Gedanken leiten und beeinflussen dein Handeln.
- Prüfe, worauf du deine Aufmerksamkeit lenkst.
- Beobachte dich und das, was du über dich und dein Umfeld denkst und glaubst.
- Verwandle deine Gedanken in solche, die dich bestärken und unterstützen. Damit aktivierst und belebst du deine Willenskraft!

Willenskraft als Basis für Erfolg im Leben

Jeder Weg, den wir einschlagen, beginnt mit dem ersten Schritt. Hierzu ist es gut, die Richtung zu kennen. Was ist unsere Leidenschaft? Was macht uns glücklich und zufrieden? Und was brauchen wir, wenn Gefühle wie Glück, Zufriedenheit, Begeisterung … gerade Mangelware in unserem Leben sind? Das sind die Fragen, die wir uns selbst beantworten dürfen. Dann können wir unsere ganze Kraft aktivieren, um den Fokus auf unser Ziel zu richten. Dazu ist es nicht zwingend erforderlich, den gesamten Weg bis zu unserem Ziel bereits vollumfänglich zu kennen, sondern es geht darum, loszugehen und die notwendige Richtung einzuschlagen. Vielleicht gibt es kleinere Stolpersteine, aber auch wunderbare positive Erfahrungen, die wir oftmals nicht auf unserer Rechnung hatten. Dazu später mehr.

Willenskraft brauchen wir in allen Lebenslagen. Sie ist notwendig, um unser Leben zu gestalten, unsere Interessen nachhaltig zu vertreten, Hürden und Schwierigkeiten zu überwinden. Willenskraft ist die Grundvoraussetzung, um ein Nein auch tatsächlich auszusprechen, wenn es notwendig ist, unsere Meinung im beruflichen und privaten Umfeld kundzutun. Wir brauchen sie, um unsere Überzeugung langfristig zu vertreten und uns selbst treu zu sein – wie zum Beispiel bei der Veränderung der Essgewohnheiten, dem Verzicht auf Zigaretten oder Alkohol, bei dem Anstreben sportlicher Erfolge, dem Ziel, mit finanziellen Rahmenbedingungen zurechtzukommen, ohne in eine Schuldenfalle zu geraten, dem Finden von Erfüllung im Beruf, der Verwirklichung unserer Träume usw. Sie ist darüber hinaus notwendig, um den oft sehr ausgetretenen Pfad der Gewohnheiten zu verlassen und neue Wege zu finden und nachhaltig zu gehen.

Die Aktivierung unserer Willensstärke unterstützt uns dabei, nicht nur unsere kurzfristigen Ziele, sondern vor allem auch unsere **langfristigen Ziele** zu erreichen und den Mut aufzubringen, uns dem Neuen zuzuwenden. Ohne Willenskraft werden wir unsere gesetzten Ziele nicht erreichen können, denn nur sie hilft uns, über Hürden hinwegzukommen, nicht dienliche Verhaltensweisen oder Gewohnheiten loszulassen und Rückschläge auf unserem Weg hinzunehmen. Denn wer kennt das nicht, kurzfristig den Glauben zu verlieren, keine Lust zu haben, müde und unmotiviert zu sein? Willensstärke hilft, uns daran zu erinnern, was unsere ursprüngliche Motivation war, und unterstützt uns dabei, auf dem eingeschlagenen Weg zu bleiben. Mit ihr können wir solche kleinen »Durchhänger« überwinden und den Fokus wieder auf das große Ziel lenken und standhaft bleiben. Denn in unserer heutigen Zeit – mit der Vielzahl **von Ablenkungsmöglichkeiten und reizvollen Impulsen** – wird die Fokussierung auf unser aktuelles Lebensziel zunehmend schwieriger, was zu einer Orientierungslosigkeit führen kann. Eigenschaften, die daher unmittelbar mit der Willensstärke einhergehen, sind Zielstrebigkeit, Entschlossenheit, Tatkraft, Beharrlichkeit, Ausdauer und Disziplin. So spielt die Willenskraft eine wichtige Rolle in jeder Art von Selbstmanagement. Auch wenn du nicht von jeder dieser Eigenschaften heute sagen kannst, dass

du deiner Meinung nach ausreichend über sie verfügst, ist die Willenskraft **lernbar.** So, wie wir eine Sportart erlernen können oder das Kochen, eine neue Sprache, einen Tanz … alles ist möglich – wenn wir es wollen und loslegen.

Heute ist bekannt, dass **Menschen, die über eine ausgeprägte Willenskraft verfügen, grundsätzlich erfolgreicher sind. Sie lassen sich nicht so schnell ablenken und behalten ihr Ziel – und vor allem auch, WARUM sie dorthin wollen – klar im Auge.** Sie behalten die Belohnung, die am Ende des Weges liegt, im Blick, und sind in der Lage, kleinere Zwischenbelohnungen zugunsten der großen Belohnung zu ignorieren. Um diese Fähigkeit zu überprüfen, hat man mit Kindern einen Test durchgeführt: den berühmten Marshmallow-Test des österreichisch-amerikanischen Psychologen Walter Mischel (geb. 22. Februar 1930 in Wien). Die Kinder haben **einen einzigen** Marshmallow erhalten mit dem Hinweis, dass sie **einen zweiten** dazubekämen, wenn sie eine gewisse Zeit warten würden, ohne den ersten zu essen. Beobachtet wurde, wie die Kinder damit umgingen und welches der Kinder es schaffte, sich für den Belohnungsaufschub zu entscheiden und mit der eigenen Willenskraft die erforderliche Zeit durchzuhalten, um in den Genuss von zwei anstelle von nur einem Marshmallow zu gelangen. Wer sich für den Test interessiert, findet dazu im Internet wunderbare Videos.

Die Erkenntnis war, dass eine gewisse Willensstärke scheinbar angeboren, **jedoch** auch lernbar ist. Außerdem wurde erkannt, dass Kinder, die aus sozial schwachen Familien stammen, eine geringere Willensstärke haben und häufiger dazu neigen, **das, was sie haben, festzuhalten, da ihnen das Vertrauen fehlt, an eine spätere, bessere Belohnung zu glauben.** Des Weiteren konnte festgestellt werden, dass Gehorsamkeit die Willensentfaltung bricht, da der Ausdruck der eigenen Gefühle und Bedürfnisse unterbunden und den Kindern damit die Chance, auf eine gesunde Art und Weise für sich einzustehen, genommen wird.

Menschen, die einen Belohnungsaufschub durchleben können und nicht jedem verlockenden Impuls nachgeben, verfügen über ein hohes Maß an Selbstbewusstsein, das sie durch das Erreichen ihrer Ziele und Etappenziele unter anderem selbst kreiert haben. Infolgedessen leben diese Menschen glücklicher und entspannter, da ihnen bewusst ist, dass sie jederzeit wieder eine neue Richtung einschlagen können und neue Ziele erreichen werden. Dieses Bewusstsein, in jedem Moment Erfolgserlebnisse kreieren, neue Erfahrungen machen und damit Wissen anhäufen zu können, löst ein Gefühl von Freiheit aus: die Freiheit, die Macht und die Möglichkeiten zu haben, das eigene Leben zu gestalten. Willentlich herbeigeführte Veränderungen und Entscheidungen, hinter denen wir von Herzen stehen können, erfüllen uns mit Stolz auf uns selbst und sind begleitet von Aufrichtigkeit und Glück.

Diese Einstellung ermöglicht es, sich vertrauensvoll im Fluss des Lebens zu bewegen und vor Veränderungen **keine** Angst zu haben. Ganz im Gegenteil. Es entstehen eine Offenheit dafür, Neues auszuprobieren, um neue Erfahrungen zu machen und neue Erkenntnisse zu gewinnen, und eine Lebensneugierde, die uns den Blick nach vorn und nicht zurück lenken lässt.

Um aus eigenem Antrieb die uns so gut bekannte Komfortzone zu verlassen, ist IMMER Willenskraft notwendig.

Nicht nur jeder Einzelne, sondern auch die Gesellschaft profitiert von Menschen, die Visionen haben und diese beherzt angehen, auch wenn sie den konkreten Weg noch nicht kennen. Diese Visionäre machen Untersuchungen, überprüfen Theorien, erstellen Versuchsreihen und kommen – eventuell – zu einem erfolgreichen Abschluss oder Ergebnis. Die Zeit zwischen dem Beginn dieses Abenteuers und dem glücklichen Erfolg beträgt mitunter viele Jahre. Was sie alle eint, ist die Willenskraft, ihrem Wunsch nachzugehen und den Fokus auf dieser Reise nicht zu verlieren. Jedes Jahr gibt es diverse Auszeichnungen für Forscher, Wissenschaftler, Mediziner oder Sportler, die gezeigt haben, was sie mit ihrer Willensstärke bewegt und erreicht haben, und damit verdeutlichen, wie wichtig es ist, an sich, an die Idee zu glauben und die eigenen Kräfte dafür zu mobilisieren.

Unabhängig davon sind Menschen, die ihre Bedürfnisse kennen und für ihre Ideen einstehen, für andere interessant. Sie spiegeln uns, was wir womöglich gerade nicht in unserem Leben vorfinden, oder zeigen uns auf, was alles möglich ist, wenn wir erst einmal die ersten Schritte machen.

In der Gegenwart erfolgreicher Menschen halten wir uns unbewusst gern auf. Kein Wunder, denn diese Menschen haben eine Ausstrahlung und Energie, die uns beflügeln und aufladen. Vielleicht kennst du Menschen, in deren Gegenwart du ausgelaugt und müde bist, mit denen der Dialog anstrengend ist, auch wenn er nur kurz ist. Diese Menschen kosten dich Energie. Auf der anderen Seite gibt es Menschen, in deren Gegenwart du dich beflügelt fühlst, mit denen auch lange Gespräche angenehm und überhaupt nicht kräftezehrend sind. In ihrer Gegenwart lädst du deinen persönlichen Akku auf. Achte darauf, wer dir Kraft und Energie gibt und bei welchen Menschen dir deine wertvolle Kraft verloren geht. Triff eine neue Entscheidung für dein Leben.

Manchmal bewundern wir erfolgreiche Menschen jedoch nicht, sondern sind genervt von ihnen – je nach persönlicher Situation.

Eine Geschichte dazu, warum erfolgreiche Menschen manchmal auch nerven

Lilie ist eine junge Frau mit Visionen und einem großen Bedürfnis nach Neuem. Ihr fällt es leicht, sich auf neue Lerninhalte einzulassen, und sie findet für sich immer wieder neue Wege, ihre Neugierde zu befriedigen. In schwierigen Zeiten findet sie Möglichkeiten, sich selbst zu motivieren und neue Muster zu entdecken, die sie auf ihrem Weg halten. Sie weiß, was sie will und warum sie es möchte. Ihre Bedürfnisse sind ihr weitestgehend bekannt, und sie versucht, sich ihr Leben so zu gestalten, dass sie glücklich ist.

Ihren Partner Paul nervt das. Er selbst hat sich für eine Fortbildung entschieden, die er jedoch nur halbherzig verfolgt. Abends weggehen mit Kumpels, am Wochenende lang schlafen … geplante Lernzeiten werden kurzerhand immer wieder verschoben. Paul möchte diese Fortbildung und den Abschluss gern für sein Selbstbewusstsein haben, aber die Erfüllung anderer Bedürfnisse scheint immer wieder wichtiger zu sein. Oder doch nicht? Ihn nervt, dass Lilie ihm genau das vorlebt, was er gern hätte, aber nicht lebt. Sie hält ihm dadurch seine eigene Unfähigkeit vor Augen – dass er eben nicht konzentriert sein Ziel verfolgt und seine Prioritäten neu setzt. Aber irgendetwas hindert ihn. Bis sich bei einem Gespräch herauskristallisiert, dass er den Glaubenssatz hat: »Ich schaffe das eh nicht. Ich habe die Schule als Jugendlicher nicht geschafft, ich werde den Abschluss auch jetzt nicht schaffen.« Bei näherer Betrachtung zeigt sich ebenfalls, dass die langen Nächte in der Bar eine perfekte Ablenkung von seinem Ziel sind. Er versetzt sich mit ihnen selbst in eine Lage, die es ihm unmöglich macht, zu lernen und die Herausforderung dieser Fortbildung wirklich adäquat und mit allen Konsequenzen anzunehmen.

Mit Schrecken erkennt er ein Muster, das er unbewusst schon viele Jahre gelebt hat. Lilie war in sein Leben gekommen, um ihn in seinem Lernprozess und seinem Selbstbewusstsein anzustoßen und mit neuer (Willens-)Kraft seinem Ziel näherzubringen. Er ist nun offen für die Betrachtung seiner Gedanken und stellt fest, wie viele von ihnen destruktiv und wenig dafür geeignet sind, ihn auf seinem Weg zum Fachabschluss zu bestärken. Paul findet neue Glaubenssätze, die er in sein Leben integriert, schenkt sich eine Zeit ohne Barbesuche und Ablenkungen und startet neu durch. Vorher betrachtet er noch einmal genau sein Ziel und seine ganz persönlichen Bedürfnisse, die er sich damit erfüllen will.

Die Kenntnis unserer Bedürfnisse ist so wichtig, dass ohne dieses Wissen kaum die Willenskraft über einen längeren Zeitraum gehalten werden kann.

Welche Kräfte wir mit Willensstärke in uns erwecken können

Ein menschliches Schicksal hat mich vor wenigen Jahren sehr bewegt und mir persönlich noch einmal klar vor Augen geführt, welche Kräfte wir in uns erwecken können. Ein beeindruckendes Beispiel, das sicherlich für unzählige andere steht:

Yusra Mardini wuchs in Syrien auf. Ihr Vater ist Schwimmtrainer, und so begann sie bereits im Alter von nur drei Jahren, zu trainieren. Bereits mit 14 Jahren nahm sie an Weltmeisterschaften teil und stellte sogar einen Landesrekord über 400 Meter Freistil auf. Als das Haus der Familie im Bürgerkrieg zerstört und die Schwimmhalle bombardiert wurden und dabei zwei Schwimmer ihres Teams starben, entschloss sie sich 2015 – mit nur 17 Jahren – mit ihrer älteren Schwester Sara, ebenfalls Schwimmerin der syrischen Nationalmannschaft, zu fliehen. Von der türkischen Stadt Izmir aus setzten sie mit 18 weiteren Personen in einem Schlauchboot über die Ägäis auf die griechische Insel Lesbos über, die an dieser Stelle rund neun Kilometer vom Festland entfernt ist. Während der nächtlichen Überfahrt versagte der Außenbordmotor, und das überfüllte Schlauchboot, das nur für sieben Personen ausgelegt war, drohte zu sinken. Die meisten Insassen konnten nicht schwimmen. Yusra und ihre Schwester Sara entschlossen sich, zu schwimmen, und zogen über mehrere Stunden das Boot mit allen Insassen an das rettende Ufer von Lesbos.
Yusra ist später in Berlin angekommen, hat dort ihr Training wieder aufnehmen können und ist bei den Olympischen Sommerspielen 2016 in Rio de Janeiro angetreten. Damit ging ein Lebenstraum von ihr in Erfüllung.

Diese bewegende Geschichte zeigt, was wir mit unserer inneren Kraft, unserer Willensstärke, in der Lage sind, zu bewegen. Die Körper von Yusra und Sara hätten womöglich vorher aufgegeben, aber ihr unbedingter Wille hat sie dieses Schlauchboot mit allen Insassen in der Nacht drei Stunden lang durch das Meer ziehen lassen. Dieselbe Willenskraft und ihr Glaube an sich selbst haben ihnen in einer vermeintlich perspektivlosen Zeit, dem Bürgerkrieg in Syrien, die Stärke gegeben, sich neue Perspektiven zu erschaffen.

Was wäre geschehen, wenn sie gedacht hätten: »Ach, das hat sowieso keinen Sinn, das schaffe ich nie«?

Wertvolle Erkenntnisse zu den Möglichkeiten unserer Willensstärke – kurz zusammengefasst

- Erfolgreiche Menschen haben Willenskraft.
- Willenskraft ist notwendig, um Ziele zu erreichen – vor allem langfristige.
- Willenskraft hilft, Hürden zu überwinden, sich auch in schwierigen Zeiten treu zu bleiben und den sogenannten Belohnungsaufschub erfolgreich zu durchleben.
- Willenskraft gibt Vertrauen in die Veränderungen des Lebens und stärkt das Selbstwertgefühl.
- Es ist bestärkend, sich mit willensstarken Menschen zu umgeben.
- Willensstärke ist lernbar!

Erlebt – erkannt – gewollt

Erkenntnisse mit eigener Willenskraft in den Alltag transportieren!

Egal, was wir tun, wir versuchen immer (bewusst oder unbewusst), uns ein Bedürfnis zu erfüllen. Das ist insofern spannend, da wir häufig unsere Bedürfnisse nicht kennen, und damit sind uns die Motive, die treibenden Kräfte für unsere Handlungen, nicht wirklich klar.

Wenn wir zum Beispiel unser Mittagessen genießen, war vorab das Gefühl des Hungers da, das ganz klar angezeigt hat, dass wir unserem Bedürfnis nach *Ernährung* nachgehen dürfen – jedoch: Ist uns dieser innere Ablauf so klar? Wenn wir unzufrieden sind, da sich die Familienwohnung in einem Zustand befindet, in dem diverse Gegenstände nicht da sind, wo sie sein sollten, zeigt uns dieses Gefühl unsere unerfüllten Bedürfnisse nach *Ordnung, Struktur* oder *Verlässlichkeit* auf, wenn es Absprachen gegeben hat, die **nicht** eingehalten bzw. nicht erfüllt worden sind. Wir versuchen sodann, uns diese Bedürfnisse zu erfüllen, indem wir zum Beispiel die Wohnung aufräumen oder aber das Gespräch mit den Familienmitgliedern suchen. Das Nennen der Gefühle und Bedürfnisse ist dabei der entscheidende Faktor dafür, dass die Gesprächspartner uns zuhören können, ohne in die Verteidigung oder in einen verbalen Gegenangriff zu gehen. Es erschafft eine Verbindung und baut Brücken im Dialog auf – so wird Verständnis möglich.

Häufig höre ich bei Vorträgen oder Seminaren Sätze wie: »Ich muss zu dieser Arbeit gehen – Lust habe ich keine.« Wenn ein Gefühl von Lustlosigkeit oder auch Genervtheit hinsichtlich der Arbeitsstelle besteht, ist das ein wichtiger Hinweis darauf, dass unsere Bedürfnisse wie *Freude, Herausforderungen, angemessene Bezahlung …* im Hinblick auf diese Arbeit nicht erfüllt sind. Jedoch gehen wir jeden Tag dorthin, um uns Bedürfnisse wie *Sicherheit, finanzielles Einkommen, Einzahlen in die Rentenkasse …* zu erfüllen. Es ist wichtig, zu realisieren und zu verstehen, dass wir eine Entscheidung getroffen haben und keine »Opfer« sind. Wir können uns jederzeit neu entscheiden.

In uns herrschen so viele Bedürfnisse. Manche sind stabil und bestehen über einen längeren Zeitraum, während andere nur von kurzer Dauer sind. Wenn wir unsere Bedürfnisse entweder nicht genau erkennen oder sie uns nicht erfüllen, kann das Irritation, Hilflosigkeit oder innerliche Zerrissenheit auslösen und dazu führen, dass wir nicht nur auf andere ärgerlich und ungeduldig reagieren, sondern vor allem auf uns selbst. Damit destabilisieren wir uns, reduzieren unser Selbstwertgefühl und erschaffen denkbar ungünstige Voraussetzungen für ein aktives Handeln. Doch es gibt eine Möglichkeit, mit diesen vielen unterschiedlichen Bedürfnissen aktiv umzugehen – dazu später mehr. In letzter Konsequenz entscheiden wir, ob wir dieser Arbeit weiterhin nachgehen oder aber eine neue Herausforderung suchen und finden, die unseren Talenten entspricht und mehr Freude in unser Leben zieht.

Moment zum Innehalten

Einmal andersherum probieren

Ersetze heute einmal bewusst die Worte »Ich MUSS« durch »Ich MÖCHTE«, »Ich WERDE« oder »Ich WILL«. Das hat unterschiedliche positive Auswirkungen. Zum einen nehmen wir uns selbst den Druck, der schnell in eine Überforderung und somit in eine Unzufriedenheit führt, und zum anderen machen wir damit nach **außen** und nach **innen** klar, dass wir die Verantwortung für unser Leben übernommen haben und bereit sind, die Konsequenzen für unsere Entscheidung zu tragen. Wir bestimmen, was in unserem Leben stattfindet, wir lassen **nicht** andere darüber bestimmen. Da jedes Wort, das wir sagen und denken, in unserem Körper eine Resonanz auslöst, wirst du feststellen, dass dein Körper sich mit der neuen Wortwahl entspannter und angenehmer anfühlt. Wenn du zum Vergleich noch einmal einen Satz mit dem Wort »MUSS« formulierst, kannst du den Unterschied nun noch einmal ganz bewusst wahrnehmen. Probiere direkt aus, wie sich die folgenden unterschiedlichen Sätze anfühlen: »Ich muss arbeiten« oder »Ich möchte gern arbeiten.«

Erschwerend kommt hinzu, dass wir natürlich eine Vielzahl von Bedürfnissen mitunter zur selben Zeit haben und dadurch konkurrierende Bedürfnisse bestehen, die uns klare Erkenntnisse und damit leichte Entscheidungen erschweren. Wir möchten mehr Zeit für die Familie und uns selbst haben und gleichzeitig auch dem Beruf erfolgreich nachkommen – die Wohnung braucht einen Putztag, aber das Wetter ist so schön und lockt zu einem Ausflug –

der Kinobesuch ist ein gute Idee, und zur selben Zeit erscheint das eigene Sofa mit einem guten Buch auch sehr anziehend. So oder so ähnlich erleben wir es pausenlos in unserem Leben. Bei den kleinen Entscheidungen fällt uns die Wahl noch leicht, doch bei den großen Entscheidungen wird sie schon zur Herausforderung. Manchmal treffen wir keine Entscheidung, oder aber wir versuchen, alles irgendwie möglich zu machen. Die Folge dieses inneren Kampfes ist, dass wir versuchen, alle bewussten und unbewussten Bedürfnisse gleichzeitig bestmöglich zu erfüllen. Das wiederum erschafft Überforderung, Überlastung und damit häufig Unzufriedenheit mit uns selbst oder mit anderen. Denn allzu häufig erwarten wir von anderen (meist unausgesprochen) Unterstützung in einer solchen Lebensphase. Ein Kreislauf, der in jeglicher Hinsicht Stress bedeutet und nicht notwendig ist, wenn wir um die Möglichkeiten der Entscheidungswege und innerer Klarheit wissen.

Wenn wir unsere Bedürfnisse kennen, haben wir die Chance, diese genau zu betrachten, und können leichter neue Entscheidungen treffen. Gerade bei widersprüchlichen Bedürfnissen ist es extrem hilfreich, die eigenen Gefühle in den jeweiligen Situationen zu reflektieren und die entsprechenden Bedürfnisse zu erkennen, die wir uns in dem einen oder dem anderen Fall erfüllen würden. Das hat den Charme, dass wir uns keine Vorwürfe mehr machen und gleichzeitig exakt wissen, **warum** wir diese eine und keine andere Entscheidung getroffen haben. Wenn sich dann unsere Lebenssituation ändert, sind wir in der Lage, kurzerhand auf dieses Wissen zurückzugreifen und wieder neue Entscheidungen treffen. Im Zweifel bereits am nächsten Tag.

Unabhängig davon werden wir lernen, dass einige Bedürfnisse für uns persönlich oder auch ganz allgemein eine höhere Priorität haben als andere. Sind zum Beispiel ganz grundsätzliche Bedürfnisse wie *Nahrung, Schlaf, Ruhe und Entspannung* oder *Sicherheit* nicht erfüllt, wird dieser Mangel dazu führen, dass andere Bedürfnisse wie zum Beispiel *Spaß, Harmonie, Kontakt* und *Nähe* zurückgestellt werden, bis die Grundbedürfnisse wieder erfüllt sind. **Im Anhang findest du die Maslow'sche Bedürfnispyramide, die einen Überblick über verschiedene Bedürfnisse und deren Prioritätsstufen gibt (siehe Seite 124).** Letztlich sind jedoch die persönlichen Prioritäten entscheidend. Nur wir wissen genau, was unser Herz, unsere Seele und unser Körper jetzt benötigen. Das ist die Entscheidungsgrundlage!

Glück und Zufriedenheit können sich nur dort einfinden, wo wir unsere Bedürfnisse erkennen und befriedigen. Erst wenn wir mit uns in einem friedlichen und achtsamen Dialog sind, erkennen wir das, was wir brauchen, und sind in der Lage, ohne Streit oder Aggression unsere Bedürfnisse mitzuteilen und in einen ruhigen und wertschätzenden Dialog mit anderen Menschen zu gehen. Mit einer wertschätzenden inneren Haltung uns selbst gegenüber bleiben wir uns treu und zollen uns Respekt. Denn wir wissen, wir brauchen niemanden zu überzeugen, sondern müssen nur unsere Überzeugung vertreten und beachten. Natürlich bestehen bei unserem Gesprächspartner ebenfalls Bedürfnisse und Wünsche, die zu achten sind. Wenn uns dies bewusst ist, sind ein wertschätzender Dialog und ein belebender und klärender Austausch möglich. Eine wertschätzende Kommunikation mit anderen setzt ein empathisches Verhalten sich selbst gegenüber voraus.

Darauf können wir achten, wenn es um unsere Bedürfnisse geht:

- Es ist elementar, zu wissen, **warum** wir etwas tun.
- Mit innerer Klarheit schaffen wir selbst die Voraussetzung dafür, **unsere Bedürfnisse** mitteilen zu können, und erfahren im besten Fall Verständnis.
- Die Erfüllung von Bedürfnissen führt unweigerlich zu angenehmen Gefühlen.
- Unsere im Moment bestehenden Bedürfnisse verändern sich und stehen mitunter in Konkurrenz zueinander.
- Wenn wir wissen und erkennen, **wofür** wir etwas wollen, stärken wir unsere Entscheidungsgrundlagen und die Willenskraft.
- Innere Klarheit ist notwendig, um zielorientiert und nachhaltig zu handeln.

Wie erlangen wir nun diese Klarheit, um für uns gute und wertschätzende Entscheidungen zu treffen und unsere Willenskraft zu aktivieren und zu stärken? Bevor wir Schritt für Schritt Klarheit schaffen, mache dir deine Bedürfnisse bewusst.

Moment zum Innehalten

Eigene Bedürfnisse erkennen, egal, ob erfüllt oder nicht erfüllt

Betrachte die Maslow'sche Bedürfnisliste auf Seite 124, und beantworte die folgenden Fragen. Notiere deine gewonnenen Erkenntnisse.

1. Welche Bedürfnisse hast du jetzt, in diesem Moment/in dieser Stunde/an diesem Tag?

2. Sind diese erfüllt oder nicht?

3. Welche Bedürfnisse stehen heute in Konkurrenz zueinander?

Schritt für Schritt zur ersten Klarheit

Alex kam nach einem Burn-out zu mir. Er ist selbstständig und betreibt eine Praxis für Physiotherapie. Seine Arbeitszeit war in 25-minütige Termine mit vielen unterschiedlichen Patienten eingeteilt, was nicht nur zu einer emotionalen, sondern auch zu einer körperlichen Anstrengung und bis zur Überforderung geführt hat. Seine Sorge war, dass er seine Arbeit unter diesen Bedingungen nicht mehr bis zur Rente mit dem Qualitätsanspruch, den er gern leben wollte, ausführen könne. Gleichzeitig entstanden Existenzängste bei dem Gedanken, die Arbeitszeit zu reduzieren, und wiederum Bedenken, wie seine Patienten damit umgehen würden. Diese waren es bislang gewohnt, dass er auch außerhalb der offiziellen Öffnungszeiten noch Termine vergibt und in Ausnahmen sogar am Wochenende, um bei akuten Problemen zu helfen. Das heißt, seine Patienten waren zwischenzeitlich eine sehr hohe Servicebereitschaft gewohnt, die – zum Teil – mit zu seinem Burn-out geführt hat. Denn viel zu oft stellte er die Bedürfnisse seiner Patienten über seine eigenen. Diese Gesamtsituation löste einen großen inneren Stress aus, und er drehte sich gedanklich mit all seinen Sorgen im Kreis.

In einem derartigen Gefühls- und Sorgenchaos sind wir so getrieben von unseren Gedanken, dass es notwendig ist, eine Pause einzulegen. Anderenfalls bleiben wir in stressigen Gedankenmustern gefangen – bei dem, was wir alles nicht möchten und von dem wir glauben, es gehe nicht. Bevor wir uns tiefer in eine schwierige Lage manövrieren, geht es darum, wieder mit unseren Gefühlen, unseren Wünschen und unseren Bedürfnissen in Kontakt zu kommen. Ziel ist, das auf eine Weise zu tun, die uns stärkt, motiviert und Klarheit und damit auch Sicherheit dafür gibt, erforderliche Entscheidungen aktiv umzusetzen.

Die im Folgenden beschriebenen Schritte, die ich anhand Alex' Situation verdeutliche, sind ein weiterer Weg, unsere Willensstärke zu aktivieren und uns selbst den Weg, den wir gehen wollen, klar vor Augen zu führen, um damit unsere Handlungsbereitschaft zu erhöhen und unsere Willenskraft zu stärken. Solltest du einen Partner haben, der dich bei den Schritten begleitet, so bitte ihn, Notizen zu machen. Wenn du die Schritte allein durchgehst, empfehle ich, dir deine Zeit zu nehmen und alles zu erspüren, um dann im Anschluss deine Erkenntnisse zu notieren.

Schritt 1 – Die Situation klar vor Augen

Wir starten als Erstes mit der aktuellen Situation. Dabei geht es zunächst darum, gedanklich in die Situation, zum Beispiel die Arbeitssituation, hineinzugehen, um zu spüren, wie es uns damit geht und welche Gefühle, Emotionen oder stressigen Gedanken ausgelöst werden.

»Wie fühlt sich die Situation für dich an?«, fragte ich.

Alex ließ sich emotional in die tägliche Routine seiner Arbeit fallen und berichtete nach wenigen Minuten über einen unglaublichen Druck auf der Brust. Sein Herz fing an, zu rasen, was ihm noch zusätzlichen Stress machte. Gleichzeitig machte sich ein Gefühl von ***Erschöpfung*** *bemerkbar, und seine Gedanken wurden hoffnungslos, was ihn auf seinem Stuhl regelrecht zusammenfallen ließ. Seine Schultern wurden schwer,* ***Müdigkeit,*** *begleitet von einer* ***Trägheit,*** *übermannte ihn, die das ursprünglich genannte Gefühl von* ***Erschöpfung*** *noch verstärkte.*

»Welche Bedürfnisse versuchst du, dir zu erfüllen, wenn du die Situation, wie sie jetzt ist, beibehältst?«

»Keine Ahnung«, sagte er in einer ersten Reaktion, um dann fortzufahren: »Es geht um die ***Sicherung meiner Existenz.*** *Ich bin selbstständig. Darüber hinaus möchte ich gern* ***verlässlich*** *sein und meine Arbeit einfach gut machen. Die Menschen kommen zum Teil schon sehr lange zu mir, und ich möchte diesem* ***Vertrauen*** *gerecht werden.«*

Zusätzlich, so stellte sich im Laufe des Gesprächs heraus, bestand ein extrem stressiger Glaubenssatz, den er von seinen Eltern übernommen hatte. Er lautete: »Wer ›nur‹ acht Stunden am Tag arbeitet, ist faul und wird es nie zu etwas bringen.« Dieser Satz konnte bisher unbemerkt seine destruktive Arbeit verrichten und brachte Alex dazu, kaum Pausen einzulegen und immer wieder über seine persönlichen Belastungsgrenzen hinauszugehen. Zusätzlich hatte er sofort ein schlechtes Gewissen, wenn er zum Beispiel aus persönlichen Gründen die Praxis früher schloss. Die Glaubenssätze und Werte seiner Eltern verknüpften die langen Arbeitszeiten direkt mit ***Erfolg*** *und* ***Existenzsicherung.*** *Mit anderen Worten: Alex glaubte, wenn er nicht mehr so viel arbeite, sei er finanziell nicht mehr gesichert und nicht viel wert.*

Um den Themen »Existenz« und »finanzielle Situation« aus dem Weg zu gehen, so zeigte es sich, hatte er die Buchhaltung für seine Praxis komplett abgegeben. Die praktische Arbeit war immer seine Leidenschaft gewesen, aber mit den Zahlen wollte er sich nicht auseinandersetzen. Als ehemalige Bankerin habe ich oft erleben dürfen, wie Einzel- und Kleinunternehmer in die Schieflage gera-

ten sind, weil dieser wichtige Teil, der ebenfalls zu einer Selbstständigkeit gehört, ignoriert wurde. Da Alex von seinen Umsatzzahlen, Aufwands- und Ertragszahlen keine Kenntnis hatte, war er über seine finanziellen Rahmenbedingungen nicht informiert. Aus Angst, etwas zu sehen, was er nicht wissen wollte, hatte er sich den konkreten Zahlen nicht gewidmet, sie ignoriert und damit zusätzlich Unklarheit und Unsicherheit in seinem Leben erschaffen und sich die Möglichkeit genommen, zeitnah adäquat auf Veränderungen zu reagieren.

Schritt 2 – Die Konkurrenzsituation erkennen

Wie wir schon festgestellt haben, stehen unsere Bedürfnisse häufig in Konkurrenz zueinander. Erst wenn wir uns dieser konträren Verhältnisse bewusst werden, ist es uns möglich, diese zu betrachten und zu entscheiden, welche Richtung wir heute als erste Priorität betrachten.

Alex Bedürfnisse nach ***Existenzsicherung*** *und* ***Erholungsphasen*** *lösten ein Spannungsverhältnis aus, das im nächsten Schritt betrachtet werden durfte, um Klarheit für eine bestmögliche Entscheidung zu erschaffen und den Frieden mit sich selbst sicherzustellen.*

Die nächste Frage und damit verbundene Übung an ihn war daher: **»Nun gehe gedanklich bitte in die Situation, wie du sie dir zukünftig vorstellst, auch wenn die Rahmenbedingungen noch nicht klar definiert sind.** Stelle dir vor, du findest neue Öffnungszeiten, die deinen neuen Notwendigkeiten gerecht werden. Du erschaffst Phasen, die es dir ermöglichen, zu regenerieren und neue Kraft und Motivation zu erschaffen. **Spüre wieder, welche Gefühle und Emotionen das in dir auslöst.«**

»Mir fällt eine Last von den Schultern, und ich spüre eine große Erleichterung«, sagte er und straffte seinen Oberkörper. »Gleichzeitig kommt ein Gefühl von Freude an meinem Leben auf.« Und es bildete sich, so stellte er mit Schrecken fest, ein Gedanke in ihm: »Darf ich das?« Sein Glaubenssatz, den er von den Eltern übernommen hatte und nun als massiven Antreiber erkennen konnte, schlich sich sofort in den Findungsprozess ein. Dieses Mal jedoch konnte er ihn annehmen als das, was er war: nur ein Gedanke.

»**Welche Bedürfnisse versuchst du, dir mit der neuen Situation zu erfüllen,** wenn du sie mit neuen Öffnungszeiten und etwas mehr Pausen für dich kreierst und neu gestaltest?«, fragte ich.

»Ganz klar«, sagte er, »es geht um meine ***Gesundheit*** *und darum, dass ich irgendwann* ***gut in die Rente komme.*** *Ich möchte mein Leben* ***genießen*** *und* ***Zeit*** *für die Menschen haben, die mir wichtig sind. Ich habe mich die meiste Zeit meines Lebens um andere Menschen gekümmert, sie bei Krankheiten begleitet und unterstützt, und ich merke, jetzt bin ich dran, für mich so zu sorgen, dass ich nachhaltig gesund werde und bleibe. Das kann ich jedoch mit der aktuellen Situation nicht schaffen, und daher will ich sie ändern.«*

Fassen wir also zusammen: Zum einen ging es Alex um seine *Existenz* als selbstständiger Physiotherapeut, und zum anderen ging es ihm um seine *Gesundheit,* die er gern wiederherstellen und erhalten wollte – zwei sehr wichtige Bedürfnisse.

Schritt 3 – Erkenntnisse zusammenfassen

Es hat sich bewährt, die beiden Situationen, die bestehende sowie die neue, gewünschte, mit den entsprechenden Gefühlen, die ausgelöst werden, und den Bedürfnissen, die wir uns versuchen, damit zu erfüllen, schriftlich zusammenzufassen. Wir haben damit jederzeit unsere Bewusstseinsarbeit vor Augen und können uns sofort daran erinnern – wenn zum Beispiel Zweifel oder auch neue Erkenntnisse auftauchen –, **warum** wir diese Entscheidung getroffen haben. Durch diese Übung können wir uns darüber hinaus ebenso an die körperlichen und emotionalen Reaktionen besser erinnern, die hilfreich für die Entscheidung geworden sind. Gleichzeitig können wir einzelne Aspekte, Gedanken und Erlebnisse ergänzen und gegebenenfalls neue Entscheidungen auf einer fundierten Basis treffen.

Da unsere Bedürfnisse immer wieder in unterschiedlichen Spannungsverhältnissen in unserem Leben auftauchen, ist es für jegliche Zielerreichung wichtig, diese unterschiedlichen Aspekte genau zu betrachten, um eine Entscheidung zu treffen, die tragfähig, belastbar und nachhaltig ist.

Zusammenfassend stellte sich die Situation von Alex, in der konkurrierende Bedürfnisse bestanden, die ihm eine Entscheidung bislang unmöglich machten, wie folgt dar:

	Bestehende Situation	**Neue, gewünschte Situation**
Situation	lange Arbeitszeiten, wenige Pausen und kaum Freizeit, viel Druck	neue Arbeitszeiten mit einer Mittagspause und mehr Zeit für Erholung
Gefühle, die in dieser Situation ausgelöst werden	gestresst, erschöpft, bedrückt, müde, ausgelaugt, verzweifelt	erleichtert, erfreut, beglückt, motiviert
Bedürfnisse, die mit dieser Situation erfüllt werden sollen	Existenzsicherung, finanzielle Sicherheit, Verlässlichkeit, Anerkennung, Selbstbestätigung	Gesundheit – kurz- und langfristig, Schutz, Lebensfreude, Freizeit, Kontakt zu Mitmenschen, Partnerschaft leben
Entdeckte stressige Glaubenssätze	»Ich muss mindestens 12 Stunden arbeiten, sonst bin ich faul – was ich nicht sein möchte.« »Ich bin finanziell nicht sicher, wenn ich nicht 12 Stunden arbeite.«	keine

Das ist die Situation von Alex. Eine ähnliche oder identische Situation kann bei einer anderen Person völlig andere Reaktionen auslösen. Andere Gefühle und damit auch andere Bedürfnisse können zum Tragen kommen.

Um einige **konkurrierende Bedürfnisse (Spannungsverhältnisse)** klarer zu machen, hier ein paar Beispiele aus dem Alltag, wobei die genannten Bedürfnisse nur eine Auswahl darstellen:

› **Kinobesuch oder ruhiger Abend auf dem Sofa**
KONKURRIERENDE BEDÜRFNISSE: *Abwechslung, Unterhaltung, Kontakt – Ruhe, Erholung, Entspannung*

› **Zeit für den Beruf oder Zeit für die Familie**
KONKURRIERENDE BEDÜRFNISSE: *Erfolg, finanzielle Sicherheit, Anerkennung – Harmonie, Nähe, Gemeinschaft*

› **mit dem Partner gemeinsam oder getrennt wohnen**
KONKURRIERENDE BEDÜRFNISSE: *Gemeinsamkeit, Geborgenheit, Entlastung – Unabhängigkeit, Freiheit, eigene Ordnung*

› **auf die Bedürfnisse des Partners/der besten Freundin/der Mutter/des Kollegen/des Chefs oder auf die eigenen Bedürfnisse Rücksicht nehmen**
KONKURRIERENDE BEDÜRFNISSE: *Nähe, Verbundenheit, Anerkennung – Authentizität, Gerechtigkeit, Selbstachtung*

› **Probleme ansprechen oder nicht**
KONKURRIERENDE BEDÜRFNISSE: *Klarheit, Kommunikation, Zuverlässigkeit – Ruhe, Schutz, Güte*

› **das Auto oder die Bahn nehmen**
KONKURRIERENDE BEDÜRFNISSE: *Flexibilität, Individualität, Effektivität – Entspannung, Schnelligkeit, Umweltbewusstsein*

Moment zum Innehalten

Überblick der Situationen

Betrachte deine bestehende Situation und die Situation, die du dir wünschst. Welche Bedürfnisse möchtest du dir mit ihnen erfüllen, und welche Gefühle lösen sie in dir aus? Entdeckst du versteckte Glaubenssätze, die dich unter Druck setzen? Fertige eine Tabelle an, und halte deine Erkenntnisse fest. Für welche Situation entscheidest du dich? Welche Bedürfnisse erfüllst du dir?

Schritt 4 – Eine neue Entscheidung treffen

In der Gegenüberstellung ist nun klar geworden, welche Gefühle und körperlichen Reaktionen in den jeweiligen Situationen ganz individuell ausgelöst werden. Wenn also Gefühle wie zum Beispiel *erleichtert, erfreut, beglückt, gelassen, neugierig, selbstsicher* und *motiviert* in unserer Gefühlswelt auftauchen, wissen wir, dass wesentliche persönliche Bedürfnisse erfüllt sind. Tauchen jedoch Gefühle wie *gestresst, erschöpft, genervt, irritiert, ratlos, traurig* und *müde* auf, wissen wir, dass unsere elementaren Bedürfnisse **nicht** erfüllt sind. Im vierten Schritt gilt es nun, eine Entscheidung zu treffen.

»**Triff nun eine neue Entscheidung. Für welche deiner Bedürfnisse möchtest du dich jetzt mit deinem ganzen Elan einsetzen? Welches Bedürfnis ist dir so wichtig, dass du es jetzt zur obersten Priorität machst?**«, fragte ich.

»Meine Entscheidung ist ganz klar. Meine Gesundheit hat die absolute Priorität«, sagte Alex, und er schien ***zufrieden*** *und* ***erleichtert,*** *diese Entscheidung so klar treffen zu können. »Alles andere wird sich dem in der nächsten Zeit unterordnen dürfen.«*

Die Verantwortung für die eigene Gesundheit – und letztlich für alle Bedürfnisse, die wir haben – liegt bei uns selbst. Nur wir selbst wissen, was wir konkret brauchen, um uns in unserer Haut wohlzufühlen. Wenn wir ein Ziel erreichen wollen, dürfen wir nicht von anderen erwarten, dass sie für uns die Probleme lösen, denn dann werden wir niemals am Ziel ankommen. Diese Verantwortung dürfen wir für uns übernehmen und anerkennen, dass die Menschen in unserem Umfeld ebenfalls konkurrierende Bedürfnisse, Wünsche und Vorstellungen haben. Daher können wir auch nicht mit der uneingeschränkten Unterstützung von anderen rechnen, und es ist empfehlenswert, die eigenen Entscheidungen nicht von anderen abhängig zu machen – wenn es geht.

Und wie stellte sich meine Situation dar? Ohne mir den Sachverhalt »schönzureden«, durfte ich mir eingestehen, dass ich auf der einen Seite ärgerlich über mich selbst war, da ich ganz offensichtlich im Hinblick auf mein Gewicht nicht gut genug auf mich geachtet hatte. Ich beruhigte mich stattdessen mit Gedanken wie: »Das geht doch noch«, »Mein Partner findet das gut« und »Das ist eben so im Alter.« Auf der anderen Seite durfte ich erkennen, dass ich seinerzeit nicht über ausreichend Kraft und Wille verfügt hatte, um konsequent zu sein. Da kamen die »bequemen« Glaubenssätze gerade recht und boten eine Entschuldigung dafür, ein wenig unbeherrscht beim Essen zu sein. Als ich den Zeitraum meiner Wankelmütigkeit genauer betrachtete, stellte ich fest, dass es eine anstrengende

Lebensphase war, die viel meiner Aufmerksamkeit forderte. Offensichtlich hatte ich ein wenig Extraschutz benötigt und mir – ganz unbewusst – mit dem zusätzlichen Gewicht genau diesen Schutz zugelegt, den ich für diese Etappen in meinem Leben gebraucht hatte. Meine innere Führung hatte mir nun allerdings durch meine aufkommende Unzufriedenheit mitgeteilt, dass eine neue Zeit anbrechen durfte, da ich diesen Extraschutz nicht mehr benötigte.

Das Gewicht und die Kalorien **nicht** *im Auge behalten zu müssen, löste in mir* **Gefühle** *von Erleichterung aus, es war bequem. Gleichzeitig wurde ich zunehmend träger. Sich gesund zu ernähren, bedeutete auch, öfter zu kochen, und damit mehr Zeitaufwand – zumindest für mich, denn in der Region, in der ich lebe, zeichnen sich die Speisekarten durch viel Fleisch und Kohlenhydrate aus. Gemüse findet man kaum, eventuell noch Salat. Unabhängig von alledem hatte ich schlicht mehr Kalorien zu mir genommen, als mein Körper für ein konstantes Gewicht gebraucht hätte.*

Bei dem Gedanken an mein Wohlfühlgewicht und eine gesunde Ernährung fühlte ich mich im Vergleich sofort erfreut, lebendig und glücklich – sie versetzten mich direkt in eine Aufbruchstimmung. Ganz klar, diese Gefühle wollte ich wieder mehr erleben.

Die Bedürfnisse, die ich mir mit den beiden unterschiedlichen Situationen erfüllen wollte, waren schnell gefunden. Mit dem »Essen ohne Kontrolle« erfüllte ich mir ganz klar die Bedürfnisse Gelassenheit, Spontaneität und Genuss. Mit einer gesunden Ernährung und der Chance, mein Wunschgewicht zurückzugewinnen und zu erhalten, würde ich die Bedürfnisse nach Wohlgefühl, Leichtigkeit, Gesundheit, einem guten Körpergefühl und Attraktivität erfüllen.

Zusammengefasst sah die Betrachtung der Situation so aus:

	Bestehende Situation	**Neue, gewünschte Situation**
Situation	essen, worauf ich Lust habe und was in den Restaurants angeboten wird, kein extra Zeitaufwand fürs Kochen	bewusste Ernährung, die gut schmeckt und nicht zu zeitaufwendig ist
Gefühle, die in dieser Situation ausgelöst werden	entspannt aber auch träge, satt aber auch träge, zufrieden aber auch träge	glücklich, erleichtert, erfreut, motiviert, erwartungsvoll
Bedürfnisse, die mit dieser Situation erfüllt werden sollen	Gelassenheit, Spontaneität, Genuss	gutes Körpergefühl, Gesundheit, Lebensfreude, Leichtigkeit
Entdeckte stressige Glaubenssätze	»Im Alter wird man eh dick, somit ist es egal, was ich esse.« »Es ist gut, etwas mehr Gewicht zu haben – für die schwierigen Zeiten im Leben.« »Man benötigt Kohlenhydrate, um den Alltag zu bewältigen.«	keine

In meinem Beispiel war es nun so, dass ich mir in beiden Situationen wichtige Bedürfnisse erfüllte, die im weitesten Sinne mit Lebensfreude zu tun haben. Die spannende Frage war nun: Konnte ich die Bedürfnisse beider Varianten miteinander in Verbindung bringen? Mir fehlten noch die Idee und das Wissen, vor allem, da ich mich bislang nicht als Köchin hervorgetan hatte. Klar war für mich jedoch, dass der Wunsch, mein Wohlfühlgewicht wiederzuerlangen, größer war als der Wunsch nach Erfüllung anderer Bedürfnisse. Die Glaubenssätze, die mich noch daran hinderten, konnte ich erkennen, und damit verloren sie ihre Kraft, mein neues Vorhaben zu sabotieren. Anstelle dessen programmierte ich neue Glaubenssätze und Werte, die meine innere Willenskraft stärken und mich meinem Ziel näher bringen würden.

Interessant ist, dass wir, wenn die Zeit reif für neue Entscheidungen ist, im Vertrauen sind und dass, wenn wir unser Leben annehmen, dann auch genau die »richtigen« Menschen, Adressen, Informationen … zu uns kommen, wie ich noch berichten werde.

Betrachte eine der Konkurrenzsituationen in deinem Leben, triff JETZT eine neue Entscheidung, und beginne mit der Umsetzung SOFORT! Je schneller du die Erkenntnisse umsetzt – am besten innerhalb der nächsten 24 Stunden –, desto größer sind die Chancen, dass du dein Vorhaben erfolgreich in die Tat bringst. Anderenfalls reihen sich die kleinen Dinge des Alltags vor deinem Vorhaben in der Prioritätenliste ein.

Wertvolle Erkenntnisse für mehr Transparenz in der Zielfindung – kurz zusammengefasst

- Beschreibe die Situationen, um die es geht, klar.
- Identifiziere Glaubenssätze, die dich behindern bzw. bislang behindert haben.
- Werde dir deiner eigenen Gefühle und Bedürfnisse in den jeweiligen Situationen bewusst.
- Fühle dich in die bestehende und in die zukünftige Situation hinein.
- Erkenne Konkurrenzverhältnisse.
- Schreibe alles auf, und lasse die in einem Spannungsverhältnis stehenden Bedürfnisse in dir wirken.
- Setze eine Priorität.
- Sage Ja zu der neuen Herausforderung.
- Triff eine (gegebenenfalls neue) Entscheidung.
- Freue dich auf die Herausforderung (hilft sehr).
- Beginne direkt mit der Umsetzung.

Ziele finden, Ziele formulieren, Willensstärke aktivieren

Ziele zu haben, ist ein elementares Thema, wenn es um Veränderungs- oder Anpassungsarbeit geht – Veränderungen, die dazu dienen, das eigene Leben sinnvoller, genussvoller und zufriedener zu gestalten. Je klarer die Ziele sind, desto größer ist der Fokus auf sie und desto klarer und authentischer werden wir in unseren Handlungen. Dies wiederum führt insgesamt in die gewünschte Richtung – unsere Vision von der Zukunft. Klare Ziele können wie ein Kompass in unserem Leben wirken.

Stelle dir vor, du bist der Kapitän eines großen Schiffes, das die Weltmeere bereist. Wenn du die Entscheidung für eine neue Richtung und einen Zielhafen getroffen hast, setzt sich die gesamte Maschinerie in Bewegung. Alle Personen an Bord wissen, was zu tun ist, jeder übernimmt seinen Teil, um in diesem von dir als Kapitän bestimmten Hafen anzukommen. Als Kapitän kennst du nicht jeden Handgriff, und du kennst im Zweifel auch nicht alle Personen, die dich auf deiner Reise begleiten. Mit deinem Willen, deiner Sachkenntnis und der Überzeugung, das Richtige zu tun, wird sich das Schiff jedoch auf die Reise begeben und sich den unbekannten Herausforderungen auf dem Weg zum Zielhafen stellen, um ihn irgendwann zu erreichen. Ich finde dieses Bild so anschaulich, da es das Leben widerspiegelt.

Wenn wir nicht wissen, was wir wollen bzw. wohin wir wollen, kann die Reise nicht gelingen, da die Richtung nicht klar bestimmt ist. Wenn wir jedoch das Ziel bewusst vor Augen haben, sind wir bereit. Wir stellen uns zeitnah den Unwägbarkeiten, freuen uns über ungeahnte Unterstützung, justieren in der einen oder anderen Situation leicht nach – immer mit dem Blick auf das Ziel. Je überzeugter wir von unserem Ziel sind und je größer unser Vertrauen in uns ist, desto eher erhalten wir Unterstützung. Nicht nur von Menschen, die uns auf dem Weg gern begleiten wollen, sondern auch spontan über Informationen, die »zufällig« zu uns gelangen, Angebote, die wir nicht auf der Agenda hatten, neue Kontakte, die »plötzlich« geknüpft sind. Eine höhere Macht wird aktiviert, die uns auf dem Weg zu mehr Zufriedenheit und Glück, und damit bei dem, was unsere Seele für uns wünscht und braucht, unterstützt.

Um diese Klarheit zu erhalten, braucht es eine Definition des Ziels (Hafen) und Möglichkeiten der Überprüfung (Koordinaten), mit denen wir die Chancen für eine erfolgreiche Realisierung erhöhen.

Auf diesem Weg der Konkretisierung werden das eigene Wertesystem und bestehende Glaubenssätze sichtbar und überprüfbar. Glaubenssätze können unterstützend sein oder aber neue Ziele sabotieren und ihr Erreichen verhindern, wie in den vorangegangenen Beispielen aufgezeigt wurde. Auch ein Kapitän würde sich nicht auf den Weg machen, wenn er glaubt, dass er den Hafen niemals erreichen wird – warum auch?

Durch die Transparenz und Bewusstseinsarbeit können neue Programmierungen entstehen, das heißt auch neue Glaubenssätze, die uns bei der Zielerreichung unterstützen und die unsere Willensstärke aktivieren.

»Wer nicht weiß, wo er hinwill, darf sich nicht wundern, wenn er woanders ankommt.«
(Mark Twain)

Wenn ich aber nicht weiß, was ich will?

Wer kennt das nicht: Auf die Fragen, was wir möchten oder wie wir uns etwas vorstellen, lautet die Antwort: »Ich weiß es nicht«, und es werden stattdessen Aspekte oder Beschreibungen aufgeführt, die davon berichten, was wir gern vermeiden möchten. Wenn wir uns nur bestens damit auskennen, was wir alles **nicht** wollen, führt das zu Unsicherheit und Irritation bei uns selbst und bei anderen. Natürlich kann es im ersten Moment leichter erscheinen, zu sagen, was wir alles vermeiden wollen, statt in diesem Moment konkret genau die Dinge zu benennen, die uns wichtig sind, und damit ein klares Statement abzugeben. Es braucht Zeit, diesen inneren Dialog zu führen und die Erkenntnisse über uns selbst zu gewinnen. Ein Zeitaufwand, der sich jedoch sehr lohnt. Denn die Chance, das Gewünschte zu bekommen, sinkt dramatisch, wenn wir uns nicht kennen und nicht äußern. Oder, wie eine Teilnehmerin meines Seminars sagte: »Ich weiß einfach nicht, was ich wollen soll.« Wenn wir uns von dem, was wir glauben, was andere von uns möchten, so beeinflussen lassen, dass wir unsere eigene Meinung nicht (mehr) kennen, dann sind wir orientierungslos, haben den Bezug zu uns verloren und können in der Folge nicht mehr zielorientiert sein!

Stelle dir vor, dein Partner möchte dir gern zum Geburtstag einen Pullover schenken und fragt nach ein paar Tipps. Was meinst du, wie groß die Chance wäre, das zu bekommen, was du möchtest, wenn du aufzählst, was dir alles **nicht** zusagt? Die Alternative ist, klar zu formulieren, was dir gefällt: »Ich habe in meiner Lieblingsboutique einen roten Seidenpullover mit einem Zopfmuster gesehen – als Idee.«

Wenn wir nicht wissen, wohin die Reise gehen soll, sind wir handlungsunfähig und kommen unserem Ziel nicht näher, Unzufriedenheit setzt ein. Darüber hinaus legen wir unseren Fokus, unsere Konzentration, genau auf das, was wir **nicht** wollen, und bestärken es damit noch. Unsere wertvolle Lebensenergie wird verschwendet. Gleichzeitig erwarten wir in solchen Momenten häufig, dass andere Menschen die Klarheit finden, die wir selbst über uns nicht haben. Dadurch geben wir die Verantwortung für das eigene Leben in die Hände anderer. Das will gut überlegt sein.

Je genauer wir sagen können, was wir wollen, desto eher können uns die Menschen in unserem Umfeld unterstützen, unseren Zielen näher zu kommen! Dazu dürfen wir ein Team mit unserem Körper und unserer Gefühlswelt bilden – zu unserem Wohl. Das braucht, wie schon erwähnt, die Bereitschaft, mit uns in einen Dialog zu gehen und – manchmal – Zeit, ja! Mit etwas Selbstreflexion, Empathie für uns selbst und Freude daran, mit uns einen Dialog zu führen, kommen wir unseren Zielen schneller näher, als wenn wir diverse Fehlversuche erleiden und Missverständnisse geraderücken müssen, da wir unsere Wünsche wieder einmal nicht konkret geäußert haben.

Bedauerlicherweise haben wir in vielen Fällen nicht gelernt, mit unseren Gefühlen in Kontakt zu sein und unsere grundsätzlichen Bedürfnisse zu erkennen. Das ist jedoch elementar für eine selbstbestimmte Lebensgestaltung. Immer wieder ist durch die vielen kleinen Erlebnisse im Alltag die eigene Wahrnehmung dafür getrübt, was uns Freude macht und was genau uns tatsächlich ärgert – und in welchem Ausmaß. Gerade wenn bereits eine Überforderung, Erschöpfung oder Müdigkeit vorhanden ist, verschwimmen die Wahrnehmung der Situation und die Willensstärke, etwas zu ändern.

Daher findest du im Anhang dieses Buches eine Liste verschiedenster Bedürfnisse. Ich kann mich noch sehr gut an meinen ersten Übungskurs erinnern, in dem ein Teilnehmer zuerst seine Gefühls- und Bedürfnislisten ausgepackt und vor sich auf dem Tisch präpariert hatte. In den jeweiligen Situationen hatte er versucht, sich durch das Lesen der Begriffe und über das Erspüren seiner Körperreaktion selbst auf die Schliche zu kommen und sich besser kennenzulernen. In jungen Jahren durfte er, wie er berichtet hatte, seine Emotionen nie zum Ausdruck bringen, und nun dürfe er neu lernen, zu entdecken, was ihn bewegte. Der Gewinn an Lebensqualität und Verständnis im Umgang mit anderen Menschen waren ihm alle Mühe wert gewesen.

Manchmal bringen wir uns auf eine andere Art in die Überforderung. Hast du eine Vielzahl von Wünschen mit unterschiedlichen Ausrichtungen und weißt nicht, wo du mit der Umsetzung anfangen sollst? Dann möchte ich anregen, dir einfach einmal alle deine Ziele ganz intuitiv mit deiner eigenen Priorität zu notieren. Ich stelle immer wieder fest, dass, wenn wir die Themen, die uns im Kopf herumschwirren, erst einmal schriftlich zu fassen bekommen, eine innere Klarheit aufkommt, die uns aufzeigt, wo die kurzfristige Umsetzung am notwendigsten ist. Sich ehrlich und offen damit auseinanderzusetzen, braucht Engagement, jedoch werden die anderen das für uns nicht tun. Und letztlich wissen nur wir ganz genau, was und wann wir etwas brauchen. Wir sind die Experten – für uns selbst.

Moment zum Innehalten

Handlungsbedarf erkennen

Um herauszufinden, wo genau Handlungsbedarf besteht, möchte ich eine Übung aufzeigen, die uns den Alltag mit seinen Auswirkungen klarer macht:

Nimm ein Blatt Papier, und knicke es längs in der Mitte. Falte es wieder auf, und notiere auf die linke Seite all die Dinge, die deinen Alltag ausmachen, wie zum Beispiel:

- Ich stehe um 7 Uhr auf,
- nehme mir 30 Minuten Zeit für mein Frühstück,
- mache 15 Minuten Yoga,
- …

Dann zeichnest du ein Raster auf. Dazu unterstreichst du jede deiner Angaben und ziehst die Linie bis zum rechten Papierrand. Von oben nach unten zeichnest du weitere Linien neben deine Angaben, sodass 6, 8 oder 10 Spalten entstehen. Wichtig ist, dass du eine gerade Anzahl von Spalten aufzeichnest, damit du dich entscheidest. Die Spalten dienen dir dazu, zu bewerten, wie erfüllend dein Tag ist. Die Spalte 1 bedeutet somit »nicht erfüllend«, während die letzte Spalte (6, 8 oder 10) »absolut erfüllend« bedeutet. Je mehr Spalten du gewählt hast, desto feiner wird die Auswertung.

Beginne nun, neben jede deiner Angaben in der Spalte, die deiner Wahrnehmung entspricht, ein Kreuz zu machen, und bewerte, wie erfüllend oder nicht erfüllend die Bestandteile deines Alltags sind. Entscheide dich bei jedem Aufzählungspunkt, und lasse keinen aus. Denke nicht lang über die einzelnen Punkten nach, sondern entscheide spontan aus dem Bauch heraus. Los geht's!

Bist du erstaunt, oder war dir das Ergebnis schon bewusst? Gibt es Bereiche, in denen sich eine klare Handlungsnotwendigkeit ergeben hat? Gibt es Bereiche, die wirklich erfüllend für dich sind? Wenn ja, wie können diese schönen Situationen deines Lebens ausgedehnt werden?

Moment zum Innehalten

Fragen zur Zielfindung

Im Folgenden möchte ich dir ein paar Fragen aufzeigen, die bei der Zielfindung hilfreich sind und die mit ein wenig Selbstempathie beantwortet werden können.

- Was ärgert dich? Worin besteht deine Unzufriedenheit oder das Problem?
- Welche deiner persönlichen Bedürfnisse sind nicht befriedigt?
- Was willst du stattdessen für dich erreichen? Was ist deine Vision?
- Woran wirst du für dich merken, dass du deinem Ziel näher kommst bzw. es erreicht hast?
- Was wirst du haben, wenn du dein Ziel erreicht hast, was du vorher nicht hattest? Wie wird sich das anfühlen?
- Wie erfüllend wird die Zielerreichung für dich sein?

Ziele positiv formulieren

Hast du etwas entdeckt, was du ändern möchtest? Dann **formuliere das Ziel schriftlich so konkret wie möglich.**

Achte darauf, dass du **keine** Negationen benutzt. Wenn du zum Beispiel formulierst: »Ich möchte nicht mehr so unordentlich sein«, liegt der Fokus auf unordentlich, und du verstärkst – ungewollt – genau das, was du nicht mehr möchtest. Eine mögliche Zielformulierung könnte sein: »Ich räume jetzt jeden Tag von … Uhr bis … Uhr auf.« oder: »Ich räume sofort die Küche auf, nachdem ich gekocht habe.« Wichtig ist, dass es ein **machbares und eindeutiges Ziel** ist. Wenn du für dich feststellst, dass du nach Lücken suchst, um dein eigenes Ziel zu umgehen, mache dir das klar, und formuliere es neu.

Alex, der Physiotherapeut, brauchte keinen Fragenkatalog, um sein Ziel zu finden. Ihm wurde durch die überstandene Krankheit, den Burn-out, klar und deutlich ein dringender Handlungsbedarf aufgezeigt. Im Lauf seines Heilungsprozesses konnte er die notwendigen Änderungen annehmen, und ihm ist bewusst geworden, dass er dringend sein Leben ändern wollte. Die Krankheit war für ihn wie eine rote Karte, die er in Zukunft auf keinen Fall ignorieren wollte. Bei der Betrachtung seiner Bedürfnisse erkannte er, wie er das Bedürfnis nach ***finanziellen Möglichkeiten*** *und* ***Anerkennung*** *(vor allem durch die Familie) allen anderen übergeordnet hatte – zulasten seiner* ***Gesundheit.*** *Mit seiner Entscheidung setzte er nun die Prioritäten hinsichtlich der in einem Spannungsverhältnis stehenden Bedürfnisse neu – zugunsten der* ***Gesundheit.*** *So konnte er für sich definieren, dass er maximal acht Stunden am Tag in der Praxis sein wollte, dazwischen eine Mittagspause von* *einer Stunde benötigte und einen Nachmittag in der Woche und das Wochenende komplett frei haben wollte.*

Und ich hatte mich in meiner Haut, im wahrsten Sinne des Wortes, nicht mehr wohlgefühlt. Die Kleidung wurde eng, und als einige Lieblingskleidungsstücke aufgrund meiner Extrakilos nicht mehr zum Einsatz kommen konnten, war für mich klar, dass eine Veränderung in meinem Leben unaufschiebbar geworden war. Während ein Burn-out schon ein heftiger Hinweis ist, unser Leben zu überdenken und zu verändern, sind ein Unwohlsein, ein leichter Ärger oder eine Unzufriedenheit die ersten Zeichen, dass eine Veränderung ansteht. Da mir bewusst war, dass ausschließlich ich selbst für die Erfüllung meiner Bedürfnisse zuständig bin, wollte ich die Veränderungen herbeiführen, bevor die Unzufriedenheit so groß wurde, dass andere davon betroffen wären. Denn mit zunehmendem Unwohlsein sinkt die Laune, und irgendwann sind wir dann nicht nur auf uns ärgerlich, sondern auch noch auf die Menschen in unserem Umfeld, die für unseren Zustand nicht verantwortlich sind. Ich hatte ein Foto von mir mit meinem Wohlfühlgewicht, und so konnte ich ***mein Ziel mit einer konkreten Zahl formulieren.*** *So wollte ich wieder aussehen, denn mit diesem Gewicht hatte ich mich superwohl gefühlt.*

Ein weiterer bedeutender Aspekt bei der **Formulierung des Ziels ist, aus dem Vergleichen herauszugehen.** Wenn wir unser eigenes Leben mit dem anderer Menschen vergleichen, wird das immer eine Schieflage auslösen, denn wir kennen das Leben der anderen nicht so im Detail, dass ein Vergleich überhaupt möglich wäre. Darüber hinaus können wir zu einem späteren Zeitpunkt unsere Erfolge nicht überprüfen. Wenn mein Ansatz zum Beispiel wäre, zu sagen, ich möchte so viel wiegen wie meine nette Nachbarin, bleibt die Frage, wie das festzustellen ist. Ich kann die Dame von nebenan ja schlecht wöchentlich nach ihrem aktuellen Gewicht befragen. Daneben ist jeder Mensch einzigartig und darf das auch bleiben.

Das leitet direkt zum nächsten Aspekt über: Was hat uns bislang davon abgehalten, unser Ziel zu erreichen, und wie können wir Ziele überprüfbar machen, damit wir jederzeit die Möglichkeit haben, einen Realitätscheck zwischen Ziel und tatsächlichem Leben vorzunehmen? Wir können überprüfen, ob wir noch auf dem richtigen Kurs sind.

Spannungsverhältnisse erkennen und überwinden

Wie wir anhand der Beispiele von Alex und mir erkennen konnten, gibt es ständig konkurrierende Bedürfnisse und Wünsche. Das ist eine absolut normale Situation im Leben, die lösbar ist. Oft ist diese Spannung genau der Grund, warum wir unseren Zielen bislang noch nicht näher gekommen sind. Wir haben sie einfach nicht verfolgt, da ihnen eventuell Gedanken, Glaubenssätze, alte Muster, Gewohnheiten … entgegenstehen. Und auch das ist absolut richtig. Wir stehen in unserem Leben immer genau an der richtigen Stelle. Alle bisherigen Entscheidungen haben uns an den aktuellen Punkt in unserem Dasein gebracht. So, wie wir immer den richtigen Partner zur rechten Zeit haben, um etwas zu lernen, so stehen wir immer an der für uns besten Position, um in unserer Persönlichkeitsentwicklung einen Schritt zu machen.

Von daher geht es bei der Betrachtung der folgenden fünf Fragen **nicht** darum, uns zu verurteilen oder uns Vorwürfe zu machen, sondern es geht darum, zu verstehen, was unsere Beweggründe sind, und diese bisherigen Entscheidungen in Liebe anzunehmen. Denn wir haben es jederzeit so gut gemacht, wie wir es konnten.

Moment zum Innehalten

Fünf Fragen zur Klarheit

Um in diesen »Gedankencocktail« etwas Klarheit zu bringen, empfehle ich dir, dich mit folgenden Fragen auseinanderzusetzen.

1. Was hat dich **bislang** davon abgehalten, dein Ziel zu erreichen?
2. Bestehen **Ängste,** und wenn ja, welche? Antworte konkret!
3. Was hat sich in deinem **Leben geändert,** sodass du jetzt bereit bist, dein Ziel anzugehen?
4. Was **bedeutet** für dich persönlich das Erreichen deines Ziels?
5. Welche Auswirkungen wird es haben, wenn du dein Ziel **nicht erreichst?** Wie wird es dir damit gehen?

Für Alex stellten sich diese Fragen wie folgt dar:

1. *Seine bisherige Arbeitseinstellung, die Freude an der Arbeit und sein beruflicher Erfolg hatten ihn an seiner Lebensgestaltung nicht groß zweifeln lassen. Das Bedürfnis, erfolgreich zu sein und gutes Geld zu verdienen, stand grundsätzlich im Vordergrund seines Handelns. Seine erzieherische Prägung hat diese Bereitschaft zusätzlich gefördert.*

2. *Seine Ängste bestanden auf bewusster Ebene vor allem darin, nicht ausreichend Geld verdienen zu können, und auf unbewusster Ebene, den Ansprüchen seiner Herkunftsfamilie und den daraus resultierenden Glaubenssätzen nicht zu entsprechen.*

3. *Die wesentliche Lebensveränderung war der Burn-out, der ihm aufzeigte, dass er seine eigenen Kapazitäten überschätzt hatte, und der ihm gleichzeitig vor Augen führte, wie wichtig ihm sein privates Leben war, das er sehr vernachlässigt hatte.*

4. *Kurzfristig eine gute Work-Life-Balance zu erschaffen, bedeutet für ihn sehr viel.*

5. *Dieses Ziel* **nicht** *zu erreichen, könnte erhebliche seelische, familiäre und gesundheitliche Folgen haben, aus denen weitere stressige Begleiterscheinungen entstehen könnten.*

Fazit: *Das alles galt es aus Alex' Sicht nicht nur zu vermeiden, sondern er hatte vielmehr eine immer klarer werdende Vision von dem Leben, das er jetzt führen wollte.*

Visionen zu haben, ist motivierend. Sie zeigen die Richtung auf und sind eine Orientierung – wie Fixsterne am Horizont. Auch wenn mitunter die Route noch nicht klar ist, weisen sie den Weg in die Zukunft und sind höchst erstrebenswerte Zustände. Sie dienen dazu, eine Sache zu verbessern, Menschen zu begeistern, und erschaffen ein Zugehörigkeitsgefühl – nicht nur im privaten Umfeld, sondern auch im beruflichen. Viele Unternehmen würden nicht existieren, wenn ihre Gründer nicht Visionen davon gehabt hätten, wofür ihre Unternehmen in der Zukunft stehen sollten. Denken wir einmal an die Menschen, die die Vision hatten, dass wir in Fluggeräten fliegen oder schneller mittels Auto und Zug reisen können, an Bill Gates, den Mitgründer von Microsoft, dessen Visionen die ganze Welt veränderten, oder an Herrn Günther Fielmann, der die Vision hatte, dass Kassenbrillen günstig und attraktiv sein können … Auch für sportliche Erfolge ist es unerlässlich, eine Vision zu haben. Ohne Wünsche, Visionen, Willensstärke und Tatendrang wären keine Erfolge möglich.

Mit einer derartigen Mission im Herzen entstehen ausreichende Motivation und Willenskraft, um Strategien zu entwickeln, Ziele und Etappenziele zu setzen, Rückschläge hinzunehmen und fokussiert in die Zukunft zu blicken.

Was ist deine Vision – für dein Leben?

Ziele überprüfbar definieren – hilfreiche Aspekte

Zu sagen: »Ich möchte etwas weniger arbeiten«, ist so unkonkret, als ob der Kapitän sagen würde: »Wir fahren jetzt mal los.« Eine derartige Aussage ist hinsichtlich der Zielerreichung nicht überprüfbar, und die hilfreichen Mitarbeiter wissen nicht, welchen Kurs sie konkret verfolgen sollen.

› **WANN** möchtest du beginnen, dein neues Ziel umzusetzen? Lege dich konkret fest! Meine Empfehlung ist SOFORT oder so bald wie möglich.

› **WO** möchtest du in einem Monat, in einem Jahr, in fünf Jahren sein?

› **WAS** willst du konkret erreichen? Versuche, den »Hafen« – also dein Ziel – mit Zahlen, Daten und Fakten belastbar zu notieren. Vielleicht gibt es auch ein Foto, oder du kreierst ein Bild, das das Ziel darstellt und dir als lebendige, visuelle Vorlage dienen kann.

› **WO** möchtest du sein, wenn dein Ziel erreicht ist? Möchtest du in eine andere Abteilung wechseln, einen neuen Job finden oder in einen anderen Ort ziehen?

› Überprüfe für dich, ob das **Ziel realistisch** ist. Wenn du eine Körpergröße von 1,60 m hast, jedoch gern eine Körpergröße von 1,70 m hättest, ist das ein unrealistisches Ziel. Trotz allem, denke groß! Formuliere deine Ziele auf keinen Fall kleiner, nur weil ein Gedanke auftaucht wie: »Das geht nicht.«

› **Überprüfe dein Ziel mit deinem Herzen und deinem Körper.** Wie fühlt sich das neue Ziel an, wenn du dich heute bereits gedanklich und emotional in die zukünftige Situation begibst? Was sind deine Gefühle und Emotionen, und wie verhält sich bzw. reagiert dein Körper?

Hast du dein Ziel bereits konkret formuliert? Oder hat die Formulierung und das Festlegen überprüfbarer Modalitäten Stress ausgelöst? Vielleicht braucht es noch ein paar weitere Anregungen? Hier sind sie:

› Manche Ziele können wir nicht sofort umsetzen. Hier braucht es kleinere Schritte bzw. **Etappenziele.** Sie sind empfehlenswert für alle großen Ziele, da sonst die Motivation und damit unsere Willenskraft schwinden können.

Alex konnte sein Ziel einer reduzierten Arbeitszeit nicht sofort vollumfänglich umsetzen, da bereits Patiententermine anstanden, die er auf jeden Fall wahrnehmen wollte. Deshalb war eines seiner Etappenziele, sich für die kommenden Wochen die freien Zeiten entsprechend der neuen Regelung im Kalender zu blockieren. Darüber hinaus erstellte er einen Flyer zu den neuen Öffnungszeiten, die er in der Praxis auslegte und seinen Patienten zur Orientierung mitgab. Vor allem das aktive Angehen der ersten Etappenziele löste eine Erleichterung in ihm aus, da er seinem Ziel mit jedem Schritt näherkam.

- Formuliere deine Ziele groß! Kein Wissenschaftler hätte etwas entdeckt, kein Archäologe etwas ausgegraben, wenn er nicht an die große Entdeckung geglaubt hätte. Wenn wir Ziele **zu klein formulieren, fehlen der Ansporn und die Motivation,** loszugehen.

- Gibt es **Menschen, die involviert sind?** Wenn wir eine Veränderung bei uns herbeiführen, löst diese zwangsläufig Veränderungen in unserem Umfeld aus. Mache dir klar, welche Personen von deiner Entscheidung betroffen sind und welche Auswirkungen diese für jene haben kann. So kannst du dich auf etwaige Gespräche vorbereiten oder gleich agieren, wie zum Beispiel Alex mit dem Auslegen der neuen Öffnungszeiten.

- Ist dein Ziel wirklich erstrebenswert? Ist es etwas, was **du** gern willst, und nicht etwas nur für andere? Lohnt sich das Erreichen des Ziels für dich? Wie erfüllend ist das Ziel für dich?

- Indem du dich mit den Details deines neuen Ziels auseinandersetzt, aktivierst du weiterhin deine Willenskraft, um dieses Ziel auch erreichen zu können. Dein Ziel wird dir immer klarer, und du sendest deine Energie aus, die selbstbestärkend und überzeugend wirkt. Spürst du es schon?

*Ich jedenfalls spürte es. Ich wusste zwar nicht genau, **was** ich brauchte, um mein Ziel zu erreichen, und **wie** ich die Kilos nachhaltig verlieren konnte, aber ich wusste, dass es etwas sein musste, was ich gut in meinen Alltag integrieren konnte. Das Essen musste leicht und schnell zuzubereiten sein (dabei dachte ich an 30 Minuten), gut schmecken und gesund sein. Ich wollte auf keinen Fall* *hungern, Kalorien zählen, anstelle einer wohlschmeckenden Speise irgendwelche Pulver anrühren oder nach der nächsten Mahlzeit schielen vor lauter Diätfrust. Es sollte eine langfristige, nachhaltige, angenehme Lösung sein. »Wenn das so leicht wäre, dann hätten schon andere diese Lösung gefunden!«, hörte ich dann, ließ mich jedoch nicht entmutigen.*

Unabhängig davon erinnerte ich mich plötzlich an eine Ayurvedakur, die mir schon einmal sehr gutgetan und die die wunderbare Begleiterscheinung gehabt hatte, dass das Essen mir extrem gut geschmeckt hatte. Vielleicht ließ sich das ja kombinieren?

Für das Projekt »Wohlfühlfigur« kristallisierten sich folgende Zielparameter heraus:

- ***Start der Umsetzung:*** *sofort!*
- ***Was genau soll erreicht werden?*** *10 Kilo weniger! Etappenziel ist mein Geburtstag, bei dem ich die Hälfte des Gewichtes, also 5 Kilo, leichter sein möchte.*
- ***Ist das Ziel realistisch?*** *Laut Body-Mass-Index ist mein Gewicht zurzeit im äußeren Bereich des Normalgewichts. Mit dem neuen Gewicht bin ich im Anfangsbereich des Normalgewichts – es handelt sich also um ein realistisches Ziel. Um eine Kontrolle zu haben, werde ich mich jeden Dienstag nach dem Aufstehen auf die Waage stellen – ohne Ausreden.*
- ***Wie fühlt sich das neue Ziel an?*** *10 Kilo sind eine Herausforderung, und mein Ansporn ist hoch, es JETZT anzugehen und zu schaffen. Allein der Gedanke an mein neues Ich lässt ein glückliches Gefühl entstehen und freut mich sehr. Mein Herz sagt eindeutig Ja zu diesem Vorhaben und Ziel.*
- ***Ist das Ziel erstrebenswert?*** *Mich gesund und in einem Maß zu ernähren, das meinem Körper und meiner Seele guttut, ist für mich absolut erstrebenswert. Gleichzeitig ist es etwas, was ich nur für mich erreichen möchte. Keine andere Person macht mir Druck oder erwartet eine Gewichtsreduktion.*
- ***Gibt es Menschen, die involviert sind?*** *Mein Partner wird – zwangsweise – involviert werden, da ich beim Essen konsequent sein werde, was definitiv nicht immer in seine Planung passt.*
- ***Ist das Ziel klar?*** *Mein Ziel liegt klar vor mir. Ich habe eine Entscheidung getroffen und bin damit in einen neuen Teil meines Lebens gestartet.*

Moment zum Innehalten

Eigene Ziele festhalten

Hast du schon eigene Ziele gefunden? Dann nutze jetzt die Zeit, um **eines davon** für dich klar und deutlich zu formulieren, damit du es konkret umsetzen kannst. Beginne **jetzt,** und trainiere deine Willensstärke.

Wertvolle Erkenntnisse zum Formulieren unserer Ziele – kurz zusammengefasst

- Notiere deine Ziele!
- Formuliere deine Ziele so konkret wie möglich. Was genau möchtest du bis wann erreichen?
- Benutze keine Negationen, sondern formuliere deine Ziele positiv.
- Welche deiner Bedürfnisse möchtest du dir gern mit dem Erreichen deines Zieles erfüllen?
- Mache dir klar, dass du immer konkurrierende Bedürfnisse hast und dass sie in einem Spannungsverhältnis zueinander stehen, das du mit innerer Klarheit überwinden kannst.
- Finde Ziele, die dir wirklich wichtig sind, und formuliere sie groß, aber realistisch. Dann wirst du mit Motivation dabeibleiben.
- Stecke dir Etappenziele, mit denen du deine Schritte auf dem Weg zum großen, langfristigen Ziel überprüfen kannst.
- Mache dir klar, welche Menschen – bewusst oder unbewusst – durch deine Entscheidung für dieses Ziel involviert sind.

Vom Denken und Reden zum Handeln

Auf dem Weg zu unserem ganz persönlichen Wunschziel sind wir bereits viele wichtige Schritte gegangen. Wir haben das Ziel konkret formuliert, konnten Glaubenssätze, die uns auf unserem Weg dorthin begrenzen, erkennen und im besten Fall auflösen, haben unsere Bedürfnisse, die wir uns selbst erfüllen, geklärt und unseren ganz persönlichen Mehrwert, den wir mit dem Erreichen des ganz konkreten Ziels erfahren werden, gefunden. Wir haben unsere angenehmen Gefühle und Emotionen erlebt, die eine starke Wirkung haben, da sie uns die kommende Freude vor Augen führen. Wir sind somit bestens vorbereitet für den nächsten entscheidenden Schritt.

Was uns bislang noch fehlt, sind die Tools. **Wie** können wir das, was wir gern in unserem Leben vorfinden wollen, umsetzen und uns dafür bestmöglich vorbereiten?

Lasst uns gemeinsam starten, indem wir überprüfen, welche Möglichkeiten und Wege es gibt, was zu uns passt und uns begeistert und welche Unterstützung wir wo bekommen können, um die Herausforderungen des konkreten Umsetzens zu meistern und es uns so einfach, aber so effektiv wie möglich zu machen.

Wenn wir zum Beispiel das Ziel haben, Gewicht zu reduzieren, gibt es letztlich zwei Stellschrauben. Entweder muss die Kalorienaufnahme geringer sein als der Kalorienverbrauch, oder wir treiben so viel Sport, dass wir mehr Kalorien verbrauchen, als wir zu uns nehmen. Mir war schnell klar, dass die zweite Variante für mich nicht infrage kam.

Bei meinen Recherchen im Internet stieß ich dann »zufällig« auf eine Seite, die Ayurveda mit dem Ziel des langfristigen Abnehmens verbindet. Ayurveda ist eine Jahrtausende alte Wissenschaft, die das ganze Leben umfasst und eine Beziehung zwischen dem Leben des Einzelnen und dem Universum herstellt. Es handelt sich um ein ganzheitliches Heilsystem, das berücksichtigt, dass sich Körper, Geist und Bewusstsein in ständiger Interaktion zu anderen Menschen und zum Umfeld befinden. Ayurveda ist daher die Kunst, das tägliche Leben in Harmonie mit den Gesetzen der Natur zu führen, die Gesundheit zu erhalten und Krankheiten zu heilen. Hierzu bedient sich die Lehre völlig natürlicher Mittel und Methoden, die Ernährung spielt dabei eine wichtige Rolle. Nach der ayurvedischen Wissenschaft kann Gesundheit nur da vorzufinden sein, wo die drei Grundenergien (Doshas) ***Vata, Pitta*** *und* ***Kapha*** *in einem vollkommenen Gleichgewicht sind. Anhand bestimmter Tests besteht die Möglichkeit, den eigenen Typ zu erkennen, wobei kein Mensch ausschließlich einer einzigen Grundenergie zuzuordnen ist.*

Ich konnte mich gut in den Erläuterungen der Doshas wiederfinden, und mir war sofort klar, dass diese Betrachtung für mich relevant war, denn ich wollte meine ganz persönliche Balance zurückgewinnen. Der Weg zu meinem Ziel zeigte sich mir mit einem Mal klar vor meinen Augen, und so meldete ich mich bei einer Ayurvedakur an. Körper, Geist und Seele mit gutem Essen in Einklang zu bringen, unterschiedliche Massagen und meditative Zeiten, um über die letzten Monate zu reflektieren, hörten sich nach einem sehr guten Plan an. Für alle, die sich hierfür interessieren, habe ich am Ende dieses Buches Literaturempfehlungen und einen Hinweis zu der Kur, die ich besucht habe.

Erste Schritte

Wir sind bereit, unseren gewohnten Weg zu verlassen, und haben Ja gesagt zu dieser neuen Herausforderung. Interessanterweise löst bereits der Umstand, dass wir uns aus vollem Herzen für eine Veränderung entschieden haben, eine neue Lebensfreude aus. Wir verbrauchen unsere Energie nicht mehr mit Zweifeln, störenden Gedanken und Handlungen, sondern investieren sie zielgerichtet.

Das Erkennen und Wissen, wofür wir brennen und was wir erreichen wollen, aktivieren unsere Willensstärke und lassen Türen aufgehen, die wir vorher nicht sehen konnten. Plötzlich bekommen wir die Informationen, die wir brauchen, uns fällt ein hilfreicher Artikel in die Hände, oder ein Mensch tritt in unser Leben, der uns unterstützt – es geschehen weitere »Zufälle«, die uns helfen, unser Ziel zu erreichen. Unser Schiff nimmt Fahrt auf und hält Kurs auf das konkret festgelegte Ziel.

Um diese »Lebensfahrt« noch zu intensivieren und damit den eigenen Energieradius zu erweitern, ist es hilfreich, über die eigenen Ressourcen nachzudenken und diese zu aktivieren.

- **Was ist der nächste Schritt,** und kann ich **diesen Schritt allein gehen,** oder brauche ich Unterstützung?

- Wenn ich Unterstützung benötige, **welche Personen** oder Institutionen sind das, und wie komme ich mit ihnen in Kontakt?

- Welche **meiner Talente und Fähigkeiten** kann ich nutzen, um mein Ziel zu erreichen, und welche sonstigen Ressourcen bestehen, auf die ich zurückgreifen möchte?

Für mich war die größte Herausforderung, dass ich einfach nicht wusste, wohin ich mich wenden konnte, um überhaupt Unterstützung zu erhalten. Diese Informationen kamen zu mir, ***nachdem*** *ich meine Entscheidung getroffen hatte. Ein »Phänomen«, das ich viele Dutzende Male in meinem Leben und in der Praxis beobachten durfte. Da ich entschieden hatte,* ***sofort*** *mit der Umsetzung zu beginnen, nahm ich umgehend Kontakt mit dem Anbieter der Ayurvedakur auf, um zu klären, ob meine Wünsche mit seinem Angebot in Einklang zu bringen waren. Meine Fähigkeit, mich auf Neues einzulassen, war hier sicherlich hilfreich. Die Ressourcen, auf die ich zusätzlich zurückgreifen durfte, waren die erforderliche Zeit und das nötige Geld – beide standen mir zur Verfügung.*

Ein hilfreiches Talent hatte ich bislang ***nicht:*** *Ich konnte nicht kochen und wusste auch beim besten Willen nicht, wo ich in der ländlichen Gegend, in der ich wohne, einen entsprechenden Kurs machen konnte. Eine Herausforderung, die ich erst einmal zurückstellte, weil ich davon ausging, dass sie sich irgendwie auflösen würde. Mein Wille, diesen Teil in meinem Leben anzugehen, war jedoch unverändert da.*

Für Alex sah die Situation etwas anders aus. Er brauchte neue Öffnungszeiten, die in seine neue Situation passten, einen kommunikativen Plan, wie er mit seinen Patienten zukünftig umgehen wollte, und er brauchte einen Termin bei seinem Steuerberater, um seine finanzielle Situation erstmals umfassend zu betrachten. Für diese Phase in seinem Leben wollte er ein Unternehmen für einen neuen Außenauftritt in Anspruch nehmen, eine Kommunikationstrainerin und seinen Steuerberater.

Die Ressourcen, die er in sich sah, waren sein unbedingter Wille, diesen Wandel in seinem Leben durchzuführen – vor allem, nachdem ihm seine inneren Beweggründe so klar geworden waren. Seine Willenskraft und seine Stärke, die er in den vergangenen Jahren intensiv in sein Unternehmen gesteckt hatte, zeigten sich anhand seines Erfolgs: einer gut laufenden Praxis. Diese Kraft, die ohne Frage in ihm steckte – das wurde ihm im Laufe der Gespräche klar –, wollte er in sein neues Leben tragen.

Störfelder erkennen – Verbündete suchen

Neben den Menschen, die wir kontaktieren, sodass sie uns in unserem Vorhaben unterstützen, wie ein Ayurvedazentrum, einen Steuerberater …, ist es von Belang, im privaten Umfeld nach Verbündeten zu schauen.

Wenn wir einen Entschluss zu einer Veränderung in unserem Leben fassen, dürfen wir uns darüber klar werden, dass wir auch gleichermaßen eine Veränderung in dem Leben derer bewirken, die ihr Leben mit uns verbringen. Das löst nicht immer Begeisterung aus.

Gerade im privaten Umfeld, in der Familie oder der Partnerschaft, besteht eine Ordnung, die sich über die Zeit entwickelt hat und an der nun unweigerlich indirekt gerüttelt wird. Ein System, bei dem die Zahnräder gut ineinanderpassten, wird durch neue und bedeutende Entscheidungen leicht aus der Balance gebracht. Dies kann vor allem dann zum Problem werden, wenn die betroffenen Mitmenschen in der Entscheidungsphase **nicht** im Dialog »mitgenommen« worden sind und von den Neuerungen überrumpelt werden.

Sobald wir in einen Entscheidungsprozess gehen, ist es hilfreich, offen und ehrlich darüber zu kommunizieren, sodass die betroffenen Menschen Zeit haben, sich mit der auf sie zukommenden Situation auseinanderzusetzen. So, wie wir selbst Zeit und Raum benötigen, um eine Entscheidung treffen zu können, so brauchen die anderen Zeit, um sich vor allem der Konsequenzen, die unser Handeln für sie bedeutet, bewusst zu werden und diese ebenfalls zur Sprache zu bringen.

Je mehr Aktivität von den anderen durch die Entscheidung erforderlich wird – sie zum Beispiel ihre bislang genossene Komfortzone verlassen müssen –, desto mehr Widerstand kann sich aufbauen. Es ist gut, darauf etwas vorbereitet zu sein.

Wenn wir zum Beispiel entschieden haben, **nicht** mehr den Vorsitz im Verein zu übernehmen, wird in der Folge eine andere Person diesen Part übernehmen müssen. Das bedeutet für sie Mehrarbeit in einem Bereich, der vorher bequem und geregelt war. Irgendjemand wird nun seine bislang komfortable Situation verlassen und selbst in die Aktion gehen müssen.

Oder nehmen wir das Rauchen als Beispiel. Wenn wir beschließen, damit aufzuhören, und die Wohnung zur »rauchfreien Zone« erklären, kann das zu Stress führen, wenn der Partner, mit dem wir die Wohnung teilen, das nicht möchte bzw. seine Gewohnheiten beibehalten will. Wie einigt man sich für den gemeinsamen Raum? Es müssen neue Vereinbarungen getroffen werden, die eventuell erst einmal ausgefochten werden. Vielleicht entfallen die abendlichen Barbesuche oder die Verabredungen mit Bekannten, die noch rauchen. Ein Sachverhalt, der selbstverständlich war, wird mit einem Mal kompliziert, da die bisher gemeinsame Selbstverständlichkeit plötzlich durch etwas Neues ersetzt werden muss, was eben noch nicht ganz klar ist.

Jede Veränderung wird Konsequenzen haben, nicht nur für den Entscheidenden, sondern auch für die Menschen in seinem Umfeld.

Entfallen zum Beispiel die gewohnten und eventuell beliebten Verabredungen ersatzlos, wird dies im Umfeld oft auch als Ablehnung wahrgenommen, und die Menschen fühlen sich zurückgesetzt. Im Dialog zu bleiben und Freunde und Familie für unser Anliegen zu begeistern und damit gegebenenfalls Unterstützung zu erhalten, ist elementar.

Oder aber die Freunde und die Familie bekommen durch unsere nun gelebte Willensstärke etwas vorgelebt, was sie selbst gern möchten, aber (noch) nicht umgesetzt haben – wie, das Rauchen zu beenden. In diesem Fall spiegeln wir den anderen (unbewusst) diese Unzulänglichkeit, was zu einer ablehnenden Resonanz führen kann.

Wie auch immer die Situation aussehen mag: Ein intensiver Austausch und das Verständlichmachen der eigenen Beweggründe ist notwendig, um die Menschen, die uns wichtig sind, auf dieser Reise der Veränderung mitzunehmen und ihnen klarzumachen, dass die Entscheidung FÜR UNS gefallen ist und nicht GEGEN SIE. Gleichzeitig ist gerade jetzt ein authentisches Verhalten, ein konsequentes Handeln und Starkbleiben für den eigenen Wunsch von großem Belang. Erst dann können die anderen erkennen, **wie wichtig** uns das Anliegen ist und dass es sich nicht nur um ein kurzes gedankliches Strohfeuer handelt.

Wenn wir uns mit unseren Bedürfnissen und dem, was wir wollen, in Liebe auseinandergesetzt haben, sind wir in der Lage, diese innerlich gestärkt vorzubringen und nach außen zu vertreten.

Als ich beschloss, meine Ernährung umzustellen, habe ich meinem Partner meinen Entschluss umgehend mitgeteilt, auch wenn ich noch nicht genau wusste, wie die Umsetzung funktionieren sollte. So konnte er sich schon einmal darauf einstellen, dass für eine gewisse Zeit Veränderungen hinsichtlich unserer Essgewohnheiten anstanden. Dadurch hatte er die Möglichkeit, sich mit den kommenden Veränderungen auseinanderzusetzen, die ihn ebenfalls betrafen. Konkret waren das die Essenszeiten und die -qualität. Mein Lebensgefährte ist jemand, der keine festen Essenszeiten braucht und ab und zu auch einmal eine Mahlzeit auslässt. Das war für mich schon immer schwierig, da ich regelmäßig Nahrung benötige, um nicht in die Unterzuckerung zu fallen. Nicht viel, aber regelmäßig – das ist meine Devise. Spannend war, dass ich in der Ayurvedakur erfahren durfte, dass regelmäßige Essenszeiten für mich und meine Konstitution perfekt sind – anders als für ihn. Ich hatte mich seinem Rhythmus zum Teil unbewusst angepasst und meiner inneren Balance damit geschadet. Das wollte ich jetzt korrigieren.

Während der Ayurvedakur wurde mir schnell klar, ***wie*** *die Veränderungen für mich sein durften, da ich unmittelbar feststellte, was genau mir guttat. Für mein Wohlbefinden und meine Balance war es nun wichtig, meinen Rhythmus, den mein Körper brauchte, um in seiner Kraft zu bleiben, zu finden, zu halten und gegen Widrigkeiten zu schützen, was in meinem Fall eine Herausforderung war, da mein Partner meine Standhaftigkeit sehr testete. Erst Monate später, nachdem er akzeptiert hatte, dass ich konsequent auf meine Ernährung achtete, konnte er sich auf das regelmäßigere und gesündere Essen einlassen und stellte zu seiner großen Verwunderung – und daher sehr widerstrebend – fest, dass meine Gerichte nicht nur richtig gut schmeckten, sondern dass diese Ernährung auch ihm körperlich sehr guttat und er sich insgesamt viel besser fühlte.*

Wenn die Menschen um uns herum aktuell nicht bereit sind, uns zu unterstützen, ist es besser, diesen Personen – wenn möglich – aus dem Weg zu gehen und deutlich zu machen, dass wir unseren Weg weitergehen werden. Das stärkt die innere Kraft und klärt die unterschiedlichen Positionen, da wir ansonsten immer wieder »getestet« werden, wie stark und konsequent wir sind, was anstrengend sein und uns Energie kosten kann. Energie, die wir an anderer Stelle besser, ziel- und lösungsorientierter einsetzen können.

Aber es gibt auch die Menschen, die uns sofort unterstützen und fördern – wie in meinem Fall mein Heilpraktiker, den ich jederzeit anrufen konnte, eine Bekannte, die mich begeistert mit Suppenrezepten versorgte, und eine Freundin, die mit viel Freude das neue Essen mit mir ausprobierte und mit großem Erfolg ebenfalls einige Kilos und ihr Magendrücken und Sodbrennen verlor. In einem Kochkurs lernte ich neue Gleichgesinnte kennen und erfuhr von einer Biokräuterfirma, bei der ich die ayurvedischen Gewürzmischungen bestellen konnte. Die Restaurants unseres Ortes betrachtete ich noch einmal neu unter dem Aspekt, ob es Gemüse und Fisch oder Huhn gab – in Bayern nicht immer so leicht. In meinen Stammlokalen bat ich regelmäßig um ein »mehr« an Gemüse und eine »weniger« an Kohlenhydraten, was nach kürzester Zeit eine Selbstverständlichkeit war. Da ich am liebsten warmes Essen zu mir nehme, was für meine Konstitution perfekt ist, bat ich zum Beispiel auch darum, den Salat nicht mehr eiskalt, sondern zimmerwarm serviert zu bekommen. Alles war machbar und hat, wie ich feststellen durfte, bereits weitere Anhänger gefunden, die sich vorher nicht getraut hatten, ihre Wünsche zu formulieren.

Verbündete zu finden, ist eine enorme Erleichterung im Alltag und eine große Motivation auf dem Weg. Es können nicht nur einzelne Personen oder Unternehmen sein, sondern auch bereits bestehende Gruppen, denen wir uns anschließen. Wenn wir uns mehr bewegen wollen, sind wir in guter Gesellschaft im Pilates- oder Yogakurs, beim Lauftreff oder in einer Wandergruppe …

Moment zum Innehalten

Freunde und Talente erkennen

- Wer könnte dich auf deinem Weg unterstützen?

- Welche Menschen, Unternehmen und Gruppen passen zu deinem Ziel? Gehe in die Aktion! Teile dich mit – im wahrsten Sinne des Wortes: Teile dein Leben mit anderen!

- Was sind deine Talente, die dich bei deinem Vorhaben stärken?

Etappenziele setzen

Gerade wenn wir herausfordernde Ziele verfolgen, ist es für die eigene Stabilität und Motivation hilfreich, sich Etappenziele zu setzen. Wie bereits im Kapitel »Ziele finden, Ziele formulieren, Willensstärke aktivieren« (siehe Seite 55) dargestellt, ist es wichtig, das Ziel nicht zu klein zu formulieren, da sonst die Gefahr besteht, womöglich gar nicht erst zu starten. Gleichzeitig sollte es aber auch nicht zu groß oder gar unrealistisch formuliert werden, um uns nicht zu demotivieren.

Etappenziele zeichnen sich dadurch aus, dass sie uns Zwischenkontrollen auf dem Weg zum Hauptziel bieten – Zwischenkontrollen in dem Sinne, dass wir überprüfen können, wie erfolgreich die ersten Schritte waren, ob es Situationen gegeben hat, die wir falsch eingeschätzt haben und die wir nun korrigieren dürfen, oder ob wir im ursprünglichen Zeitplan sind. Gerade in der ersten Umsetzungsphase einer neuen Entscheidung haben wir die Möglichkeit, uns auszuprobieren. Erfahrungsgemäß sollten die Etappenziele deshalb nicht zu kurzfristig gefasst sein, um auch tatsächlich Zeit zu haben, Verschiedenes zu versuchen. Achte beim Setzen der Etappenziele deshalb auch darauf, dir nicht zu viel Druck zu machen. Sie sollen dir auf deinem Weg eine Unterstützung sein und dich nicht stressen.

Für mein Projekt »Wohlfühlgewicht« hatte ich mir 16 Wochen gegeben. Ich wollte mich konsequent auf die Ernährung mit den »neuen« Lebensmitteln, Mengen und Gewürzen einlassen – zuzüglich eines Latte macchiato am Nachmittag (für die pure Lebensfreude). In diesen Monaten wollte ich sehen, wie ich mit dem

Kochen zurechtkam, wie viel Zeit ich dafür benötigte, wie das Essen mir langfristig schmeckte und wie viel Gewicht ich damit – ohne Stress – verlieren konnte, um gegebenenfalls eine neue Entscheidung hinsichtlich des Weges (aber **nicht** *hinsichtlich des Ziels) zu treffen.*

Die Chance, neue Etappenentscheidungen treffen zu können, schenkt uns gleichzeitig auch ein Gefühl von Freiheit. Wir bestimmen über uns – und kein anderer. Wir gestatten uns die Möglichkeit, etwas Neues auszuprobieren und neue Erkenntnisse für uns zu gewinnen. Gerade in einer Zeit der Veränderung empfehle ich, die Erlebnisse und Erfahrungen schriftlich festzuhalten. Es kann eine große Hilfestellung sein, sich die erlebten Veränderungen (zum Beispiel körperliche und emotionale Erlebnisse) zu einem späteren Zeitpunkt zu vergegenwärtigen. Die Etappenziele bieten für die Überprüfung des bisher gegangenen Weges eine hervorragende Möglichkeit zum Innehalten und Feiern.

Du hast einen ersten Schritt erfolgreich gemeistert? Du bist mit dem Erfolg zufrieden? Du konntest ein paar neue Stellschrauben erkennen und optimieren, um deinem Ziel noch leichter entgegenzugehen? Freue dich darüber, und feiere deinen Erfolg – **aber** nicht, indem du kontraproduktiv handelst! Wenn du ein Ziel wie das Wohlfühlgewicht verfolgst, kann die Belohnung **nicht** Kuchen mit Sahne sein, da du damit dein Ziel gefährdest und deine Willenskraft schwächst. Wenn du dich belohnen möchtest, dann mit etwas, was dir Freude macht, dich motiviert, aber **keine** negativen Auswirkungen hat und widersinnig oder hinderlich im Hinblick auf dein Ziel ist.

Ein Anreiz kann auch schon darin bestehen, deine Etappenziele vorab ganz klar mit kleinen Belohnungen zu bestücken. Wenn wir uns etwas gönnen für die Leistung, die wir vollbringen, ist das gleichzeitig eine Wertschätzung uns selbst gegenüber. Wir schätzen unsere »Arbeit« und messen ihr einen Wert bei. Eine Freundin kaufte sich zum Beispiel ein Armband und mit jedem Etappenerfolg einen Anhänger dafür, sodass ihre Erfolge immer für sie sichtbar waren.

Du hast dein Etappenziel nicht so erreicht, wie du es dir vorgestellt hattest? Akzeptiere diesen Sachverhalt, und überprüfe deinen Weg. Nimm deinen Überblick über deine persönlichen Bedürfnisse, die du dir gern erfüllen möchtest, zur Hand, und erinnere dich daran, dass du dich für diese neue Situation entschieden hast (siehe Übung »Überblick der Situationen«, Seite 49). Es gilt, Zeiten der Schwäche ebenso wie Zeiten des Zweifelns zu akzeptieren. Sie sind eine normale Reaktion, wenn wir Situationen und Sachverhalte auf diese Art und Weise überprüfen.

Braucht es noch etwas? Vielleicht hast du das konkrete Etappenziel nicht erreicht, vernachlässige jedoch **nicht** die kleinen Erfolge auf deinem Weg. Mache dir diese jetzt konkret bewusst, und feiere auch die kleinen Veränderungen, die dich deinem Ziel näher gebracht haben.

Sind deine Bedürfnisse nach der Überprüfung noch aktuell? Wenn nein, triff eine neue Entscheidung! Wenn ja, dann bleibe dir treu, und erkenne, dass JETZT deine ganze Willenskraft gefragt ist, um das langfristige Ziel im Auge zu behalten und deinen Fokus eventuell neu zu justieren.

Erkenntnisse festhalten und Erfolge kontrollieren

Es ist sehr hilfreich – vor allem bei umfangreicheren Veränderungen –, ein Tagebuch oder ein Gedächtnisprotokoll zu führen, um die eigenen Erlebnisse schriftlich festzuhalten. Wie im Kapitel »Schritt für Schritt zur ersten Klarheit« (siehe Seite 41) aufgeführt, sind unsere Gefühle und Bedürfnisse ausschlaggebend für jede unserer Entscheidungen. Nur wir können unsere Emotionen und unseren Körper erspüren und prüfen, ob das, was wir anfangs gefühlt haben, auch tatsächlich eintrifft, nachdem wir den neuen Weg eingeschlagen haben. Emotionen, Gedanken und Erlebnisse, also viele aufeinander aufbauende Informationen, verblassen im Alltag zu einer einzigen schwammigen Erinnerung und geraten viel zu schnell in Vergessenheit. Schon wenige Tage reichen aus, bis die Details verloren gehen.

Leider entscheiden wir uns zu oft für den Weg des vermeintlich geringeren Aufwands, was jedoch auf lange Sicht ein Fehler ist. Ich kann nur empfehlen, diese kleine Mühe von wenigen Minuten auf sich zu nehmen, denn Gedächtnisprotokolle bieten einige Vorteile. Zum einen bleiben wichtige Informationen und Details für einen längeren Zeitraum bestehen – gehen eben nicht verloren –, und zum anderen bieten die Notizen die Chance, sie jederzeit um weitere Informationen, Daten oder Fakten zu erweitern und damit einen besseren und tieferen Einblick in uns zu erhalten. So kann aus einem derartigen Protokoll ein ganz persönliches Dokument werden, das uns beim Erreichen unseres Ziels unterstützt, eine Kontrollfunktion hat und damit ein individueller Wegbegleiter wird.

Auch im beruflichen Alltag kann ein Gedächtnisprotokoll eine Bereicherung sein. In meinem ersten Beruf habe ich regelmäßig solche Protokolle nach Sitzungen, wichtigen Gesprächen oder Absprachen erstellt. Wenn ich die Inhalte zu einem späteren Zeitpunkt las, war ich immer wieder erstaunt, da sie mir in vielen Fällen tatsächlich nicht mehr in Erinnerung waren. Manchmal dienten sie als Beweis oder dazu, im Gespräch fundiert zu bleiben.

Hier einige Tipps aus der Praxis. Die Umsetzung ist einfach und unkompliziert:

› **SOFORT aufschreiben,** wenn die Erinnerung noch frisch und unverfälscht ist. Schon nach einem Tag gehen Details verloren.

› **EHRLICH sein.** Das Protokoll dient in diesem Fall einem privaten Zweck – nur du wirst es lesen. Daneben kann es nach ganz persönlichen Bedürfnissen gestaltet werden.

› **FAKTEN sammeln und die wichtigsten Informationen festhalten,** die für dein Projekt relevant sind. Gegebenenfalls um Dokumente oder Bilder ergänzen, die das Protokoll zu einer besseren Erinnerungsstütze machen.

› **Erkenntnisse KURZ und PRÄZISE zusammenfassen.** Das heißt, so ausführlich wie nötig, um die Informationen nachvollziehen zu können, und gleichzeitig so knapp wie möglich, sodass zu einem späteren Zeitpunkt ein schnelles Wiederfinden von Details möglich ist.

› **Notizen aufbewahren,** vielleicht in einem schönen Buch, einem Ordner für alle Gedächtnisprotokolle oder digital.

Es lohnt sich, deine Erkenntnisse aus der Praxis zu notieren und dabei einiges über dich, deine Gedanken und Beweggründe zu erfahren. Dazu reichen schon ein paar kurze Stichpunkte. Gerade positive und erfolgreiche Momente sind eine große Motivation und machen uns oft klar, dass wir auf dem für uns richtigen Weg sind. Vor allem, da wir immer wieder dazu neigen, den Fokus auf die Situationen zu legen, die nicht so gut funktionieren.

Moment zum Innehalten

Dein Ergebnisprotokoll

Wie dargestellt, kann es dir helfen, deine Erkenntnisse sofort zu notieren. Anderenfalls kannst du sie in einem wöchentlichen Rhythmus festhalten. Wie gesagt: Es reichen kurze Ausführungen des Wesentlichen. Dieser wöchentliche Check ist nicht verhandelbar und damit gleichzeitig eine gute Übung, deine Willensstärke zu trainieren. Für die Zielerreichung können folgende Fragen interessant für dich sein:

Welche Veränderungen kannst du an dir entdecken? *Betrachte deine Gedanken und deinen Körper.*

Welche Veränderungen machen dich müde, und welche stärken dein Selbstbewusstsein und damit deine Motivation? *Versuche, für die ermüdenden Veränderungen Alternativen zu finden, und baue die Veränderungen aus, die dich stärken.*

Was kannst du in deinem Umfeld wahrnehmen? *Wie gehen die Menschen mit dir neuerdings um, und wie gehst du mit deinem Umfeld um?*

Wie verhält es sich mit deinen Bedenken? *Sind sie noch vorhanden, oder hat die Realität dich etwas anderes gelehrt?*

Auszüge aus meinem Erlebnisprotokoll:

1. Woche: 1 Kilo weniger
Erkenntnis: Ich fühle mich gut und bin zufrieden. – Allein, die Kur angefangen zu haben, ist eine Wohltat. – Die Essenszubereitung ist nicht zu zeitintensiv, es schmeckt, und ich bin satt, was will ich mehr?

***2. Woche:** 0,7 Kilo weniger*
***Erkenntnis:** Mir geht es sehr gut. – Ich fühle mich schon schlanker. – Der Bauch verschwindet zusehends. – Die Umstellung lohnt sich. – Ich fühle mich in meiner Bewegung leichter.*

***3. Woche:** 1 Kilo weniger … trotz kleiner Essenseinheiten Reisnudeln und Knäckebrot und meinem geliebten Milchkaffee*
***Erkenntnis:** Ich bin begeistert!!! – Ich fühle mich körperlich sehr gut.*

***4. Woche:** 0,6 Kilo weniger … trotz eines etwas »ungesünderen« Abendessens unterwegs*
***Erkenntnis:** Um 1 Kilo pro Woche abzunehmen, braucht es ein konsequentes An-den-Essensplan- und vor allen Dingen An-die-Mengenangaben-Halten. – Sport macht wieder mehr Spaß und geht leichter.*

***5. Woche:** 0,3 Kilo weniger … mit Essengehen und kleinen Ausnahmen*
***Erkenntnis:** Die Wertschätzung für die Lebensmittel wird zusehends größer, und das Kochen macht Spaß. – Ich schlafe deutlich besser auf der Seite mit meinem flachen Bauch. – Die Kleidung fängt wieder an, besser zu passen.*

6. Woche: *0,9 Kilo weniger … Erstes Etappenziel erreicht!*
Erkenntnis: *Innerhalb von 6 Wochen eine super Bilanz! – Das nächste Etappenziel sind die nächsten 3 Kilo weniger, also mein Geburtstagsgeschenk für mich. – Neues To-do: jeden Tag mindestens eine halbe Stunde laufen.*

…

12. Woche: *Ziel erreicht! – trotz einer Reise, die nicht eingeplant war*
Erkenntnis: *Ich bin happy und begeistert und fühle mich pudelwohl mit mir. – Meine Energie hat ein neues Hoch erreicht und treibt mich zu neuen Taten an. – Das erste Mal in meinem Leben darf ich eindrucksvoll erleben, mit mir in einer Balance zu sein, meinem Körper genau das zu geben, was er braucht, mein Wunschgewicht zu erreichen und zu wissen, wie ich es halten kann, und meine Seele zu befriedigen. – Das alles konnte ich mir mit meiner Willensstärke erschaffen, die extrem durch die Vorarbeit von innerer Klärung gestärkt worden ist.*

Im Laufe der Zeit hielt ich viele interessante Erkenntnisse fest, mit denen ich zuvor nicht gerechnet hatte. Zum Beispiel erkannte ich, dass ich bestimmte Lebensmittel grundsätzlich nicht gut vertrage und andere nur zu bestimmten Tageszeiten. Ich hatte in den letzten Monaten ein gutes Gefühl für die Lebensmittel entwickelt, da ich letztlich keine einzige Kalorie gezählt, sondern lediglich auf die Art und die Menge der Lebensmittel geachtet hatte. Diese Erfahrung war ein lebendiger Dialog mit mir selbst und meinem Körper. Sie führte zu einer starken Verbindung mit mir selbst und zu viel Verständnis, was ich persönlich brauche, um nachhaltig gesund und schlank zu sein, zu bleiben und mich wohlzufühlen. Diesen Erfolg zu verbuchen, hat mein Selbstbewusstsein gestärkt und mir bestätigt, wie viel erreicht werden kann, wenn Willensstärke gelebt wird und ein klares Ziel vor Augen ist. Eine perfekte Bestätigung für weitere Projekte und die Erkenntnis, welch große Chance die Offenheit für Neues sein kann.

Ich persönlich finde diese Überprüfungen auch deshalb spannend, da sich immer wieder Erkenntnisse zeigen, mit denen wir nicht gerechnet haben. So war es zum Beispiel auch bei Alex:

Alex, der Psychotherapeut, durfte bei seinem Besuch beim Steuerberater feststellen, dass er finanziell sehr viel besser dastand, als er gedacht hatte. Auch eine eventuelle Reduzierung des Einkommens durch geringere Arbeitszeiten war rein rechnerisch vollkommen in Ordnung, was eine große Erleichterung in ihm auslöste. Er verfolgte nun mit Freude monatlich die Zahlen der Praxis, um informiert zu bleiben und gegebenenfalls reagieren zu können – was jedoch nicht notwendig wurde. Zu seiner großen Überraschung stellte er darüber hinaus fest, dass seine Eltern die neuen Arbeitszeiten sehr gut fanden. Sie hatten sich schon länger Sorgen darüber gemacht, dass er so wenig Freizeit und damit wenige Erholungsphasen hatte. Allerdings wollten sie sich nicht einmischen und hielten sich daher mit ihren Bedenken zurück. Zu seiner weiteren Überraschung fanden auch seine Patienten die Zeiten sehr angemessen und waren einfach dankbar, dass er nach der Krankheit seine wertvolle Arbeit fortführen konnte. Nur einige wenige Patienten waren unzufrieden und suchten sich eine Alternative. Spannenderweise waren es genau die Patienten, die oft sehr kurzfristig Termine benötigten, diese aber genauso kurzfristig wieder absagten – und oft konnte Alex diese Terminlücken nicht mehr schließen. So wurde nicht nur Alex' Tagesablauf ruhiger, sondern er konnte aufgrund der besseren Planungssicherheit mehr Termine vergeben. Nach einem halben Jahr sah die Bilanz der Veränderung so aus, dass er weniger arbeitete, deutlich entspannter war, einige wenige Patienten zu einem anderen Therapeuten gewechselt waren, er jedoch auch neue Patienten gewinnen konnte. Für seine Finanzen stellte sich das Gesamtpaket als Segen heraus. Nach einem erfolgreichen Jahr – in jeglicher Hinsicht – wusste er genau, was er brauchte, um seinen Energiehaushalt aufrecht und ausgeglichen zu halten. Seine freien Tage waren ihm heilig, die Mittagspause war nicht mehr verhandelbar, Urlaube und kürzere Auszeiten wurden regelmäßig und in kürzeren Abständen eingeplant und umgesetzt. Seine Kraft stand ihm und seinen Patienten wieder in vollem Umfang zur Verfügung. ***Zusammengefasst: Viele seiner Bedenken sind nicht zum Tragen gekommen*** *– wie ich es häufig in meiner Arbeit mit anderen Menschen erlebe.*

Denn wie in Untersuchungen festgestellt worden ist, treten rund 40 % aller Sorgen nie ein, 30 % kreisen um die Vergangenheit, die wir eh nicht mehr verändern können, 10 % aller Sorgen machen wir uns über unsere Gesundheit und darüber, was diesbezüglich passieren könnte, 10 % über das, was andere denken – also einen Sachverhalt, den wir nicht kontrollieren können. Somit verbleiben von unseren Sorgen nur rund 10 %, die tatsächlich berechtigt sind. Jedoch sind das in der Regel Sorgen, die wir bewältigen können – so, wie wir es bislang auch vollbracht haben, oder?

Weg von den Sorgen, wieder zurück
zu der bedeutenden Erkenntnis.

Hast du dein Projekt gestartet? Bist du bereits zufriedener? Bei Alex und auch bei mir setzte die Zufriedenheit bereits mit der getroffenen Entscheidung ein. **Warum?** Die Energie und Kraft, die wir aufbringen mussten, um die Spannungsverhältnisse in uns auszugleichen, können nun voll in die Umsetzung der getroffenen Entscheidung fließen und unseren Weg ebnen. Eine innere Zufriedenheit entsteht, da wir uns der Herausforderung des Lebens gestellt haben und aktuell stellen. Allein das löst ein Glücksgefühl aus, das wiederum stärkt, motiviert und uns Vertrauen in unser Selbst gibt. Wir bauen unser Selbstwertgefühl auf und aus.

Belohnungen einplanen

Manche Vorhaben lassen sich nicht sofort, sondern nur über einen längeren Zeitraum umsetzen – wie beispielsweise die beiden Beispiele in diesem Buch. Um das Ziel langfristig konsequent im Auge zu behalten und so die kleinen Hürden oder Ablenkungen zu umschiffen, braucht es Willenskraft. Trotz allem darf es Freude machen und sollte keinen Stress verursachen. Wenn möglich, mache dir den Weg zum Ziel mit einer Prise Lebensfreude leichter. Wir gestalten unser Leben neu – zu unseren Gunsten. Das ist ein Geschenk, das wir uns selbst ermöglichen.

Wir brauchen nicht in vier Wochen zehn Kilo zu verlieren, in kürzester Zeit eine neue Work-Life-Balance herstellen oder in einem Monat eine Fremdsprache erlernen. Egal, was es auch ist: Langfristige Ziele zu erreichen, braucht Zeit und Durchhaltevermögen. Wenn wir sie nachhaltig umsetzen möchten, ist Zeit noch wichtiger, da nur sie uns in die Lage versetzt, mit den Veränderungen zu wachsen. Ein langfristiges Ziel schneller zu erreichen, bedeutet extremen Stress, viel Verzicht, und ist oftmals so frustrierend, dass wir gar nicht erst unsere Reise beginnen. Lasse dir Zeit, und genieße die Zeit, die kleinen Erfolge und die große Chance, dich und deinen Körper noch besser kennenzulernen. Sei nicht zu streng mit dir, aber konsequent. Bleibe ein Team mit dir und deinem Körper. Und gestatte dir kleine Freuden.

Mir war bei meinem Projekt »Wohlfühlgewicht« in erster Linie wichtig, mein Zielgewicht zu erreichen. Der Zeitraum spielte ganz bewusst eine untergeordnete Rolle. Ich gestattete mir jeden Tag einen Latte macchiato, weil er mich glücklich machte. Hinsichtlich meiner Vorhaben für Frühstück, Mittagessen und Abendessen war ich konsequent.

Natürlich gibt es gerade bei Vorhaben, die eine längere Zeitspanne in Anspruch nehmen, Ereignisse wie Geburtstage, Feiern, Urlaube, Besuche …, die eine Herausforderung sein können, ganz gleich, welches Ziel wir verfolgen. Grundsätzlich gilt es, Ausnahmen zu vermeiden. Jedoch ist das eben nicht immer möglich, denn wir können und wollen uns auch nicht aus dem allgemeinen gesellschaftlichen Leben ausschließen. In diesen Fällen gilt es, Alternativen zu suchen und ein wenig vorbereitet zu sein. Die Alternative erleichtert uns das Umsetzen und hilft dabei, alte, zum Teil destruktive Strukturen zu überdenken und zu verändern. Das kann zum Beispiel bedeuten, dass es für alle das zu essen gibt, was in unseren Essensplan und zu unseren Essensportionen passt, es kann aber auch bedeuten, dass wir dieses eine Mal ganz bewusst eine Ausnahme machen. Genieße unabhängig davon auch diese Situationen, und freue dich über deine Willensstärke, die es dir gestattet, dir grundsätzlich treu zu bleiben.

Wenn wir uns alles verbieten und uns für viele Dinge einen Verzicht auferlegen, obwohl sie und sehr wichtig sind, lenken wir die Aufmerksamkeit genau dorthin, wo wir sie für unsere Zielerreichung nicht gebrauchen können.

Werde kreativ, und freue dich über die Alternativen, die du für dich findest, erfreue dich deiner großen und kleinen Erfolge, erfreue dich daran, dass du dich auf den Weg gemacht hast, erfreue dich an den neuen Erkenntnissen, und freue dich darüber, dass du deinem Ziel jeden Tag ein wenig näher kommst.

Moment zum Innehalten

Deine fünf Belohnungen

Genieße dein Leben, und stelle dir Belohnungen in Aussicht, die jedoch deinen Erfolg nicht sabotieren, sondern dich deinem Ziel näher bringen. Diese Belohnungen sollten also **nützlich** und **zielorientiert** sein und dich motivieren. Notiere dir eine Auswahl von mindestens 5 Belohnungen, auf die du zurückgreifen kannst. Mit dem Planen von Belohnungen stärkst du gleichzeitig deine Willenskraft. Denn natürlich könntest du dir die Belohnungen auch jederzeit gönnen, jedoch trainierst du so, nicht jedem Impuls nachzugehen, und verschiebst die Belohnungen auf einen späteren Zeitpunkt.

Keine Idee für Belohnungen? Hier sind ein paar Impulse: Massage, Maniküre, Pediküre, ein Kochkurs, ein besonderer Wochenendausflug, eine Reise, ein Tag nur für dich, Kauf eines neuen Kleidungsstücks, die Erfüllung eines schon lang gehegten Wunsches …

Vom Weg abgekommen – und nun?

Das passiert! Alte Pfade zu verlassen, neu zu entdecken oder beizubehalten, braucht Engagement und ist manchmal anstrengend. Es benötigt Kraft, die nicht immer durchgängig zur Verfügung steht. Trotz allem sind wir auf dem Weg, und das darf belohnt werden. Es ist essenziell, dass wir uns auf **keinen** Fall bestrafen, wenn es einmal nicht so funktioniert wie gedacht – in welcher Form auch immer. Vorwürfe und Ärger führen in der Regel dazu, dass wir uns an einer anderen Stelle – als Ausgleich zu der Bestrafung und zur Aufrechterhaltung der inneren Balance – wieder belohnen wollen. Diese Art der Belohnung führt jedoch häufig von unseren Zielen fort oder ruiniert sie.

Die Annahme dessen, was ist, ist eine wunderbare Lösung. Wir haben es so gut gemacht, wie wir es zu dieser Zeit konnten. Ganz offensichtlich haben sich weitere Bedürfnisse in unserem Leben gezeigt, die dringend erfüllt werden wollten. Das passiert. Es lohnt sich für unseren inneren Frieden, uns diese Bedürfnisse genauer anzusehen (siehe Kapitel »Schritt für Schritt zur ersten Klarheit«, Seite 41). Denn zur Erinnerung: Wir machen nichts, ohne dass dahinter ein Bedürfnis steht, das uns antreibt. Die einzelnen Bedürfnisse sind nicht besser oder schlechter als andere – sie sind einfach da und wollen betrachtet und beachtet werden. Gleichzeitig bietet das Verlassen des Weges die Chance zum Innehalten und die Möglichkeit, uns daran zu erinnern, was unsere ursprünglichen Gedanken waren. Die Notizen, unser Gedächtnisprotokoll zu unseren Emotionen und Bedürfnissen, die wir am Anfang des Prozesses zusammengestellt haben (siehe Seite 92), kommen nun zum Einsatz und sind eine gute Erinnerungsstütze. Auch unsere bisherigen

Etappenziele bieten eine gedankliche Auffrischung zu unserem bisherigen Weg und lassen uns erkennen, **warum** wir diesen Weg weitergehen möchten – warum es sich lohnt.

Vielleicht befinden wir uns auch in einem Moment der Erschöpfung oder der Überforderung. Gerade wenn das Leben einige Herausforderungen bietet, entbinden wir uns gern vom ursprünglich gesetzten Ziel. Wir geben uns selbst damit die Erlaubnis, das Ziel aufzugeben. Angenommen, wir möchten gern abnehmen und hatten einen extrem anstrengenden Tag. Wenn wir uns nun gestatten, aufgrund des anstrengenden Tages alles zu essen, worauf wir Lust haben, belohnen wir uns in diesem Moment mit Essen. Doch letztlich **suchen wir Gründe,** um unser Ziel nicht weiterverfolgen zu müssen. Wir finden **Ausreden.**

Gelebte Willensstärke und aktives Selbstmanagement bedeuten Engagement. Es kann immer wieder eine Herausforderung sein, die eigenen Impulse zu betrachten und sie gegebenenfalls für ein übergeordnetes Ziel zurückzustellen. Wenn wir ehrlich mit uns sind, werden wir die Gründe erkennen, warum wir unseren Weg vorübergehend verlassen oder sogar unser Ziel aufgegeben haben. Wir können zu jeder Zeit eine neue Entscheidung treffen, wählen, ob wir zu unserem Ziel zurückkehren oder das Ziel bewusst aufgeben. Unsere Notizen können hierzu ein wichtiger Impulsgeber sein und die innere Auseinandersetzung klarer machen.

Moment zum Innehalten

Überprüfung der Bedürfnisse

Wenn du dein Ziel aufgegeben hast, achte deinen bisherigen Weg. Mache dir klar, welche Bedürfnisse eine so wichtige Priorität in deinem Leben bekommen haben, dass du deinen ursprünglichen Weg verlassen hast. Betrachte deine – nun bewusste – Entscheidung mit Achtung und Respekt für dich. Entscheide dich, dein Ziel weiterzuverfolgen, oder triff eine neue Entscheidung. Bleibe im Frieden mit dir.

Neue Technik zur Unterstützung nutzen

Unserem Ziel treu zu bleiben, ist, wie wir gesehen haben, mitunter eine Herausforderung – die es sich allerdings lohnt, anzunehmen. Nicht nur, weil wir so das erreichen, was wir wollen, sondern auch, weil wir uns und unsere Bedürfnisse und Emotionen besser kennen- und schätzen lernen. Wir wissen immer genauer, was wir brauchen, um glücklich und zufrieden zu sein, und können dies klarer kommunizieren.

Eine Unterstützung auf unserer Reise können Erinnerungen sein, die uns bewusst machen, welch wertvolle Erkenntnisse wir bereits gewonnen haben – und die damit unser Selbstwertgefühl und die

Willenskraft stärken. Denn wenn wir es bis hierhin geschafft haben, können wir es auch weiter schaffen!

Wie wir uns erinnern wollen, ist eine Geschmacksfrage. Die eine Person liebt es, ihre Notizen auf Papier festzuhalten und ihre Gedanken aufzuschreiben, die andere findet die Möglichkeiten, die die digitale Welt bietet, attraktiv, die dritte Person kombiniert beides.

Ich persönlich habe mich für die zweite Variante entschieden, da ich festgestellt habe, dass das Smartphone – egal, ob man es gut oder schlecht findet – doch einen Platz im alltäglichen Leben gefunden hat und fast jederzeit griffbereit ist. Gedanken sind hier schnell notiert und damit festgehalten.

Dieser kleine Computer ist ideal, um sich selbst …

› Termine zu setzen (rechtzeitig Auszeiten und Urlaube planen, Momente zum Innehalten überprüfen und festhalten … all das gerät im Alltag schnell in Vergessenheit),

› Etappenziele zu notieren oder

› sich an Aufgaben zu erinnern (wie zum Beispiel die Essensportionen klein zu halten).

Ich hatte mir – mit automatischer Wiederholung – einen Termin zur Überprüfung meines Gewichts gesetzt. Ich wollte für mich ehrlich festhalten, wie ich auf meinem Weg zum Ziel vorankam und in welchem Zeitraum ich wie viel Gewicht mit welcher Anstrengung verlor. Ohne Ausrede und ohne Beschönigungen schrieb ich sodann in meine Rubrik »Notizen« die pure Wahrheit und gewann im Laufe der Zeit erstaunliche Erkenntnisse. Gleichzeitig notierte ich auch die Ausnahmen, die sich einfach nicht gut vermeiden ließen, um (auch für die Zukunft) nachvollziehen zu können, ob sie Auswirkungen hatten, und wenn ja, wie gravierend diese ausfielen. Gleichzeitig wollte ich ein besseres Gefühl dafür bekommen, wie ich meinen Grundumsatz von circa 1500 kcal am Tag einhalten konnte. Meine Vorstellung war, dass ich, ähnlich wie bei einem Girokonto, wusste, wie viele Kalorien auf dem Konto waren und wie viel freie Liquidität damit für mich zur Verfügung stand.

Moment zum Innehalten

Termine notieren

An welche Aufgaben, Termine oder Überprüfungszeiten möchtest du gern erinnert werden? Gib sie jetzt in dein Smartphone ein!

Wertvolle Erkenntnisse zur Umsetzung – kurz zusammengefasst

- Setze dich mit deinem Ziel auseinander, und sei offen für Impulse von außen.
- Bleibe mit dir und deinem Körper im Dialog. Höre auf deine innere Stimme.
- Triff bewusst eine neue Entscheidung, formuliere dein Ziel (und gegebenenfalls deine Etappenziele) konkret.
- Finde Menschen in deinem Umfeld, die dich unterstützen wollen und können, und meide diejenigen, die dein Vorhaben stören.
- Erinnere dich deiner eigenen Talente und Stärken.
- Überprüfe immer wieder, ob es dir gut geht und du gesund bist, bleibe liebevoll mit dir, auch wenn du einmal vom Weg abkommst.
- Fordere dich, jedoch überfordere dich nicht.
- Bleibe dir gegenüber achtsam, und halte die Erkenntnisse aus deinen Erfahrungen schriftlich fest, sodass du jederzeit auf sie zurückgreifen kannst.
- Feiere deine Erfolge.

Die Gefahren der Willensstärke

Wie es sich bei Alex gezeigt hat, kann eine sehr ausgeprägte Willensstärke auch dazu führen, dass wir wichtige Impulse für uns nicht mehr hören und wahrnehmen. Die Bedürfnisse nach *Erfolg, Anerkennung, Macht, Status, Selbstbestätigung* … waren bei ihm so stark und übergeordnet, dass die wichtigen Bedürfnisse nach *Ruhe, Erholung, Schlaf, Freundschaft, Harmonie, Liebe, Familie* … eine untergeordnete Bedeutung erhielten. In der Maslow'schen Bedürfnispyramide (siehe Seite 124) ist gut zu erkennen, dass diese Bedürfnisse jedoch auf einer vorrangigen Stufe stehen. Werden sie missachtet, kann das zu einer Disbalance des gesamten Systems führen. Wenn wir wichtige Bedürfnisse ignorieren, die die Basis unserer Existenz bilden, und unsere Gefühle nicht mehr zulassen, verlieren wir den Kontakt zu uns selbst. Wir sind nicht mehr ein Team mit uns selbst. Dies ist mit einer der Gründe, warum so viele erfolgreiche Menschen einen Burn-out bekommen und dann auf eine sehr harte Weise (wieder) lernen dürfen, ihre Gefühle und Bedürfnisse wahrzunehmen und neue Entscheidungen zu treffen, um die Balance des gesamten Systems von Körper, Geist und Seele wiederherzustellen.

Vielleicht haben wir uns mit unserer Willensstärke doch zu viel zugemutet, und unser System bricht aus Erschöpfung zusammen? **Eine Krankheit ist immer ein Hinweis unserer Seele, dass wir uns zu sehr von uns selbst entfernt haben,** wie Alex leidvoll erleben musste. Wir hören dann nicht mehr auf unsere Impulse, auf unser Herz, um zu spüren, was wirklich gut für uns ist und was wir jetzt brauchen. Wenn wir den Kontakt zu unseren Wünschen und Bedürfnissen verlieren, führt das regelmäßig zu Stress, Frust und über einen längeren Zeitraum zu einer Depression. Wir missachten unseren Körper und unsere Wahrnehmungen.

Es geht jedoch NICHT darum, gegen sich selbst zu arbeiten, sondern für das Lebensglück, das Wohlbefinden und die eigene wertvolle Gesundheit.

Selbstverständlich können Ziele sich erweitern, sich entwickeln und entfalten, jedoch sollten sie stets in Einklang mit uns bleiben. Wenn wir unsere Gesundheit gefährden – und damit eines der Grundbedürfnisse, die jeder Mensch hat, die Basis unseres Seins –, hat sich die Willenskraft gegen uns gewandt. Unser innerer Seelenweg liegt sodann nicht mehr im Zentrum der Aufmerksamkeit, sondern das Ziel, das blind verfolgt wird, ohne darauf zu achten, ob die Handlungen noch in Harmonie mit dem Körper sind.

Deshalb ist es sehr wichtig, das eigene Energielevel im Auge zu behalten, um zu überprüfen, ob wir unsere Willensstärke auch tatsächlich **für** uns und nicht **gegen** uns einsetzen.

Moment zum Innehalten

Energielevel aufspüren

Nimm dir einen ruhigen Moment, schließe die Augen, und atme in den Bauch. Erbitte eine Zahl zwischen 0 und 100, die dein Energielevel darstellt. Eine Zahl wird vor deinem inneren Auge auftauchen, oder aber du wirst sie innerlich hören, sie vielleicht einfach wissen.

Die Bedeutung der Zahl stellt sich wie folgt dar. Überprüfe, ob sie deine Lebenssituation widerspiegelt.

0–30: Lasse alles stehen und liegen, ruhe dich aus!

30–50: Nimm dir Ruhe und Zeit für dich (gehe in die Stille, mache einen Spaziergang, eine Meditation, atme in deinen Körper und dein Herz …)

50–75: Achte bewusst auf dich. Erschaffe eine gesunde Balance.

85–100: Genieße dein Leben und die Lebensfreude, die du hast!

Unsere Willenskraft und die Umsetzung unseres Ziels, wenn es wirklich gut für uns persönlich ist, werden Kraft und Energie **geben** und eine innere Balance erschaffen!

Eine Willenskraft, die nicht für unser eigenes System und in dem Sinne genutzt wird, dass wir in unsere Kraft kommen, kann neben einer Krankheit als Abwehrreaktion noch eine zweite Reaktion hervorrufen, die relativ häufig ist: dass wir uns für die besondere Mühe, die wir uns auferlegt haben, auch besonders belohnen möchten. Dieses Bedürfnis nach *Belohnung* wird umso größer, je mehr wir unsere Balance verlassen. Das kann sich zum Beispiel in einem Kaufzwang äußern oder auch darin, dass die Zurückhaltung der letzten Tage, Wochen, Monate zunichtegemacht wird, indem wir uns nun zum Beispiel alles, worauf wir Appetit haben, uneingeschränkt gönnen.

Bleibe mit dir und deiner Wahrnehmung in Verbindung, und bringe dich immer wieder mit deinem Körper und deiner Seele in Einklang.

Wertvolle Erkenntnisse zu den Gefahren der Willensstärke – kurz zusammengefasst

- Fordere dich, aber überfordere dich nicht – schon gar nicht langfristig.
- Bleibe mit dir, deinen Emotionen und deinem Körper in Verbindung.
- Achte auf deine Gesundheit.
- Zolle dir Respekt für das, was du bereits erreicht hast.
- Gestehe dir die Zeit und den Rahmen zu, die das Erreichen deines Zieles benötigt.
- Berücksichtige, dass die erste Priorität die ist, dein Ziel zu erreichen. Es geht nicht darum, besonders schnell zu sein.

Wunschpunkt erreicht! Und nun?

Erst einmal gilt es, dieses besondere Ereignis zu feiern und mit den Menschen zu teilen, die uns auf dem Weg begleitet oder unterstützt haben. Ein solcher Erfolg kann auch den Menschen in unserem Umfeld Mut machen. Er zeigt, dass es sich lohnt, die eigene Komfortzone zu verlassen, und dass es möglich ist, zu neuer Stärke zu gelangen. Haben wir uns ein Versprechen gegeben, zum Beispiel eine bestimmte Belohnung, ist dieses jetzt einzulösen. Zeitnah. Zur Erinnerung: Unbedingt daran denken, dass die Belohnung **nicht** das wertvolle Ergebnis zerstört!

Genieße den Erfolg und dein neues Selbstwertgefühl, das sich durch die Bewältigung der Aufgabe einstellen wird. Zu erleben, was möglich ist, stärkt das Selbstbewusstsein und macht damit Mut, neue und vielleicht auch größere Projekte zu starten.

Nach dem Feiern ist es wichtig, zu reflektieren, was uns genau geholfen hat, dieses Ergebnis zu erreichen, und zu überlegen, wie wir das Ziel festigen können. Wenn wie bei Alex eine neue Work-Life-Balance erschaffen wurde, ist es erforderlich, neue Vereinbarungen und Regeln zu finden und diese neuen Grenzen mit sehr viel Gefühl und Reflexion zu betrachten, vor allem, da Ausnahmen im Alltag immer wieder vorkommen. Die alten Regeln haben Alex in die Krankheit geführt, und die neuen Regeln sind noch nicht selbstverständlich geworden und bedürfen in der Zukunft noch einer besonderen Aufmerksamkeit. Daher werden die Merkmale, die wir am Anfang des Prozesses zur Formulierung unseres Ziels konkret festgelegt haben, nun zum Richtwert für das Halten des Zustands.

Diese Beobachtung ist wichtig, da wir sonst schnell in alte Muster zurückfallen, mit denen unser erreichtes Ziel nicht zu halten ist. Es braucht eine nachhaltige Lebensumstellung, die die erreichten Ziele manifestiert und unser bislang übliches Verhalten umprogrammiert. Meine Empfehlung ist, **mindestens drei Monate absolut konsequent zu bleiben.** Dann besteht eine große Chance, dass das »Neue« zu etwas »Normalem« wird.

Eine nachhaltige Lebensumstellung ermöglicht es uns nicht nur, unser Ziel zu erhalten, sondern wir sind auch in der Lage, in kleinen, überschaubaren Schritten Alltagseinflüsse zu testen, zum Beispiel: Wie viel kann ich essen, ohne wieder zuzunehmen? Es braucht ein bewusstes Betrachten, um mit sich selbst in Verbindung zu bleiben und gegebenenfalls zeitnah reagieren zu können.

> *Trotz meines gedanklichen Kalorien-Kontos stellte ich mich also auch nach Erreichen meines Ziels jede Woche auf die Waage. Spannenderweise durfte ich auch hier eine neue Erkenntnis gewinnen. Mein Gefühl passte immer wieder nicht zur Realität. Es gab Tage, da fühlte ich mich dicker und war der festen Überzeugung, zugenommen zu haben – mein Gewicht war jedoch unverändert. Erst nach Monaten mit marginalsten Gewichtsveränderungen konnte ich die Konstanz meines Gewichts annehmen und spüren. Das zeigt jedoch, wie unser Alltag und unsere tägliche individu-*

elle Realität unsere Wahrnehmung täuschen können. Durch die falsche Einschätzung meinerseits und entsprechende Gedanken wie »Die Mühe lohnt sich nicht« oder »Das funktioniert eh nicht« hätte durchaus die Gefahr bestanden, den neuen Weg zu verlassen und frustriert den alten Weg wieder einzuschlagen. Die wöchentlichen Überprüfungen, vor denen in mich anfangs etwas fürchtete, wurden nun zur Bestätigung für die eingeschlagene Richtung und ein echter Ansporn. Heute hängt in meinem Kleiderschrank ein DIN-A4-Ausdruck mit einem Jahresüberblick, auf dem ich in grünen Farben wöchentlich mein Gewicht notiere. Eine rote Farbe – als Achtung-Zeichen – habe ich bislang nicht benötigt.

Moment zum Innehalten

Erhaltung der Errungenschaft

Die folgenden Fragen helfen dir bei dabei, deinen Erfolg langfristig zu festigen. Notiere dir die Antworten am besten schriftlich, sodass du sie immer wieder zur Überprüfung zur Hand nehmen kannst.

- Was hast du über dich **gelernt?**
- Welche deiner **Talente** haben dich bei deiner Reise unterstützt?
- Was braucht es, um dein erreichtes Ziel langfristig zu **erhalten?**
- Welcher **Änderungen** bedarf es?
- An welchen **Entwicklungen** erkennst du, dass die Erhaltung deines Ziel gefährdet ist (zum Beispiel eine bestimmte Zahl auf der Waage)? **Was** wirst du dann tun?

Erfolge sichern

Was möchtest du für den Rest deines Lebens nicht mehr vergessen? Was hast du auf deinem Weg, auf dem du Verantwortung für dich übernommen hast, gelernt? Welche Bedürfnisse konntest du dir damit erfüllen, und wie fühlt sich das an?

In unserem Alltag gehen so viele wertvolle Erkenntnisse, die wir uns zum Teil mit Aufwand und Engagement erarbeitet haben, verloren. Wir vergessen sie, da sich andere Dinge mit einer (scheinbar) höheren Priorität in den Vordergrund schieben. Es gilt, sich zu erinnern, die innere Stärke weiter auszubauen und die Kraft, die bereits entstanden ist, fortwährend anzufachen.

Nutze die digitalen Möglichkeiten für Termine und liebevolle regelmäßige Erinnerungen. Triff Verabredungen mit dir selbst, so, wie du das regelmäßig auch mit anderen Menschen bereit bist zu tun. Schreibe dir individuelle Karten mit deinen wichtigsten Erkenntnissen, und betrachte eine nach der anderen in deinem Rhythmus (zum Beispiel wöchentlich). Wenn du ein visueller Mensch bist, kreiere dir ein Bild, oder nutze Fotos, um dein erfolgreich erreichtes Ziel, das bewahrt werden soll, zu dokumentieren. Erinnere dich daran, was du geleistet hast, welches Engagement dich das gekostet hat und dass dieser Energieaufwand nicht umsonst gewesen sein darf. Bist du ein auditiver Mensch, kann es für dich unterstützend sein, dir bestimmte Lieder, die dein Ziel symbolisieren, zu hören. Egal, welcher Typ du bist, egal, was es auch immer ist, das dir hilft – Hauptsache es unterstützt dich beim Bewahren deiner Erfolge.

Wenn du spürst, dass deine Willenskraft nachlässt, sieh dir deine Notizen oder Gedankenprotokolle an, um dich deiner Motivationen und all der positiven Erfahrungen zu erinnern. Kreiere für dich eine »Soforthilfe«, die dich wieder stabilisiert und innerlich stärkt. Meine Soforthilfe ist zum Beispiel, dass ich, wenn ich merke, dass mein Gewicht an den oberen Rand des von mir als gut eingestuften Bereichs geht, sofort einen »Gemüsetag« einlege und das Sportprogramm erhöhe. Durch die wöchentlichen Realitätschecks auf der Waage ist das ein nur kleiner Aufwand.

Denke daran, dass mit jeder gemeisterten Herausforderung die innere Kraft und das eigene Selbstwertgefühl steigen. Unabhängig davon werden die neuen Herausforderungen zunehmend leichter, und die Umsetzung geht schneller. Wir werden routinierterer und wissen einfach, was wir brauchen, um bestmöglich die Verantwortung für uns zu übernehmen. Eine große Lebensaufgabe ist in Liebe angenommen.

Wertvolle Erkenntnisse zur Zielerhaltung – kurz zusammengefasst

- Die Merkmale, die unser Ziel konkret bezeichnet haben, werden nun zu den Merkmalen, die es gilt, zu halten und zu bewahren.
- Es braucht Zeit, die neuen Lebensregeln zu verinnerlichen – gib sie dir!
- Bleibe dir treu, und genieße deinen Erfolg.
- Gehe das nächste Ziel voller Motivation an mit der Erkenntnis: »Ich kann alles schaffen!«

Resümee:

Die wichtigsten Impulse auf dem Weg zum Ziel

- Nimm dich ernst und wichtig, denn du bist der Experte deines Lebens und Schöpfer deiner Zukunft. Gib diesen Job an niemanden ab.

- Erfolgreiche Menschen haben Willenskraft, die notwendig ist, um Hindernisse zu überwinden, Ziele zu erreichen und sich treu zu bleiben. So wie du.

- Gehe achtsam mit deinen Gedanken um, und überprüfe diese, denn sie leiten und beeinflussen dein Handeln. Finde Glaubenssätze, die dich stärken und bestärken, und sei dir selbst dein wichtigster Partner.

- Die Bedürfnisse zu entdecken, die du dir erfüllst, wenn du bestimmte Wünsche verwirklichst, hilft, konkurrierende Bedürfnisse zu erkennen und erschaffene Spannungsverhältnisse zu mildern, neue Prioritäten zu setzen und neue Entscheidungen zu treffen. Lerne mit Freude neue Seiten an dir kennen.

- Notiere dein Ziel so konkret wie möglich, mache dir klar, wie du es überprüfen kannst, und triff eine Vereinbarung mit dir selbst. Alles, was du tust, tust du für dich!

- Akzeptiere, dass du anderen mit deiner Entscheidung Veränderungen zumutest, die sie allein nicht getroffen hätten. Jeder darf und muss jederzeit sein Leben neu gestalten – auch die Menschen in deinem Umfeld.

- Teile deine Gründe für deine Entscheidung ehrlich und offen mit, sodass andere sich nicht zurückgewiesen fühlen, sondern verstehen, dass du die Entscheidung **für** dich und nicht **gegen** sie getroffen hast. Bleibe dir und deinem Entschluss treu, sei authentisch, und sorge gut für dich.

- Umgib dich mit Menschen, die deine Entscheidung mittragen und unterstützen. Bitte gegebenenfalls Experten zu bestimmten Themen um Unterstützung und Begleitung.

- Gib dir und deinem Ziel in der Zeit der Umsetzung die erste Priorität. Es geht um den wichtigsten Menschen in deinem Leben.

Anhang

Die Maslow'sche Bedürfnispyramide nach dem Psychologen Abraham Maslow (1908–1970)

1. Stufe: GRUNDBEDÜRFNISSE
Anregung – Bewegung – Erregung – Nahrung – Ruhe/Entspannung – Schlaf – Schutz vor Witterung – Sexualität

2. Stufe: SICHERHEITS- UND SCHUTZBEDÜRFNISSE
Altersvorsorge – berufliche Sicherheit (Schutz vor Kündigung) – Entlastung – Existenzsicherung – Freiheit von Angst/Bedrohung/Chaos – Gesetze – Gesundheit – Klarheit – Lebenssicherheit – materielle Sicherheit – Ordnung/Regeln – Risikovorsorge – Schutz der Existenz/des Arbeitsplatzes/des Eigentums – Stabilität – Struktur – Zuverlässigkeit

3. Stufe: SOZIALE BEDÜRFNISSE
Bedürfnis nach Akzeptanz der eigenen Person – Einfühlung – Entlastung – Feiern – Freude/Spaß – Freundschaft – Geborgenheit – Gruppenzugehörigkeit (Herdentrieb/Übereinstimmung mit gesellschaftlichen Normen) – Harmonie – Information – Kommunikation – Kontakt – Liebe – Mitgliedschaft – Nähe – Partnerschaft – Unterstützung – Verbundenheit – Zuneigung

4. Stufe: GELTUNGSBEDÜRFNISSE

Anerkennung – Aufmerksamkeit – Aufmerksamkeit durch andere – Bedeutung – Einfluss – Erfolg – Image – Macht und Wissen – Prestige – Selbstachtung – Selbstbestätigung – Stärke – Status – Tüchtigkeit – Wertschätzung und Respekt

5. Stufe: BEDÜRFNISSE NACH SELBSTERFÜLLUNG

Aufgeschlossenheit – Ausschöpfung des eigenen Potenzials – Authentizität – Entwicklung – Gemeinschaftsgefühl – Gerechtigkeit – Gestaltung des eigenen Lebens und der Umwelt – Güte – Individualität – Inspiration – Kreativität – Natur – Natürlichkeit – Selbstentfaltung – Selbstfindung – Sinn – Spontaneität – Weltverständnis – Wunsch nach Alleinsein/ Autonomie – Zielorientiertheit

Danksagung

Mein Dank geht an das Team »Ayurveda Kur« und an Wolfgang Neutzler, der mich mit viel Engagement durch die Gewichtsreduzierungswoche begleitete. Als ehemaliger Koch hatte er sich die Mühe gemacht, einen kompletten Tag mit mir zusammen alle Mahlzeiten zu kochen und mir zu erklären, auf was es beim Ayurveda ankommt und welche Gewürze für mich ideal sind, und er konnte mich überzeugen, dass ein gutes und gesundes Essen in einer knappen halben Stunde zubereitet ist, genauso, wie ich es mir ursprünglich gewünscht hatte. Dieses Wissen trägt mich auch noch heute durch den Tag, mit der Folge, dass ich mein Gewicht auch heute gut halten kann. Eine absolute Wohltat. Die sehr achtsame Begleitung in dieser Zeit und die Ruhe, die ich in dem Garten des Rosenschlosses finden durfte, haben mich dort bereits die ersten Notizen festhalten und ein Konzept für das Buch zum Thema »Willensstärke« erstellen lassen.

Ich danke Heidi und Markus Schirner für ihr offenes Ohr für meine Ideen und ihre Begeisterung bei der Umsetzung. Danke auch an das gesamte Team des Schirner Verlags, das meine Anregungen und Wünsche berücksichtigt, sodass wieder einmal ein Buch entstanden ist, hinter dem ich voll und ganz stehen kann.

Ein herzlicher Dank geht an all die Menschen, die mich in der Phase der Umsetzung aktiv begleitet oder sich sogar von meiner Begeisterung so haben anstecken lassen, dass sie selbst in die Aktion des Umsetzens gegangen sind. Ihre Erfolge waren für mich noch weitere Inspiration.

Ein abschließender Dank geht an meinen Lebenspartner, der mir am Anfang meines Weges keine Unterstützung war und daher umso mehr – unbewusst – meine Willensstärke aktivierte. Gleichzeitig gibt er mir allerdings immer den Rahmen, meinen eigenen Weg zu gehen, und trägt in letzter Konsequenz meine Entscheidungen mit. Ich bin sehr dankbar, dass wir, auch mit deutlich unterschiedlichen Essgewohnheiten, einen sehr guten Weg zusammen gefunden haben, miteinander (gesund) zu leben.

Literaturempfehlungen und sonstige Hinweise

Byron Katie: »**Lieben was ist**«, Palaysia Verlag 2016.

Thorwald Dethlefsen und Rüdiger Dahlke: »**Krankheit als Weg** – Deutung und Bedeutung der Krankheitsbilder«, Bassermann 2008.

Kerstin Rosenberg: »**Das große Ayurveda-Buch**«, Gräfe und Unzer 2004.

Vasant Lad: »**Selbstheilung mit Ayurveda** – das Standardwerk der indischen Heilkunde«, O. W. Barth 2010.

»**Ayurveda Pur im Rosenschloss**«, Gundelfingen
Eine ideale Möglichkeit, in familiärem Umfeld bei hervorragendem, abwechslungsreichem Essen und sehr guten Massagen in einem wunderbaren Garten zu entspannen, wieder bei sich anzukommen und dabei viel über Ernährung, Kochen, sich selbst und Ayurveda zu lernen.

Über die Autorin

Claudia Fabian ist Trainerin für wertschätzende Kommunikation und mediale, ganzheitliche Lebensberaterin. Sie bietet Einzelsitzungen, Seminare und Vorträge in ganz Deutschland und der Schweiz für Privatpersonen und Unternehmen an. Zudem arbeitet sie als Dozentin in der Paracelsusschule mit Seminaren zur »Wertschätzenden Kommunikation« nach Marshall Rosenberg, zu »Klientenzentrierter Gesprächsführung« nach Carl Rogers, zu »The Work« nach Byron Katie und für die höhere Fachprüfung zum Naturheilpraktiker mit eidgenössischem Diplom (HFP) in Form eines Ausbildungstools über 13 Tage in der Schweiz. Einfühlsamkeit und Achtsamkeit im zwischenmenschlichen Bereich sind ihr ein großes Anliegen.

www.claudia-fabian.de

Die ganze Welt der wertschätzenden Kommunikation

Claudia Fabian
Wertschätzend kommunizieren – achtsam miteinander umgehen
Einfühlsamkeit verstehen und leben
120 Seiten
ISBN 978-3-8434-1236-0

Wer kennt das nicht: Ein Wort gibt das andere, und plötzlich fühlt man sich angegriffen und zu Rechtfertigungen genötigt … Wenn Kommunikation derart schiefläuft, ist in der Regel ein Mangel an Einfühlungsvermögen und Achtsamkeit die Ursache. Claudia Fabian zeigt uns, wie wir diese »alte Kommunikation«, die von Distanz und reiner Funktionalität geprägt ist, hinter uns lassen, unser Herz öffnen und wieder für uns selbst einstehen. Tipps, Praxisbeispiele und Reflexionsübungen sind dabei eine wertvolle Unterstützung. So werden wir uns unserer Worte und deren Wirkungen bewusst, finden zu einer achtsamen und wertschätzenden Kommunikation und erreichen ein liebevolles, lebensfrohes und erfolgreiches Miteinander!

Schirner Verlag

Claudia Fabian
Wertschätzend kommunizieren – achtsam miteinander umgehen
Einfühlsamkeit als Schlüssel zu Glück und Erfolg
40 Karten mit Anleitung
ISBN 978-3-8434-9081-8

Jedes unserer Worte löst in unseren Gesprächspartnern eine deutliche Resonanz aus: Begegnen wir ihnen mit Ungeduld und Aggressivität, reagieren sie entsprechend unfreundlich. Bringen wir in unserer Kommunikation Wertschätzung und Achtsamkeit zum Ausdruck, erhalten wir diese zurück. Die Kommunikationstrainerin Claudia Fabian macht es Ihnen mit diesem Kartenset leicht, einen neuen und einfühlsamen Umgang mit Ihren Mitmenschen zu pflegen. Intuitiv wählen Sie die Karten aus, die Ihre Themen ansprechen: Ausreden vermeiden, eigene Gefühle wahrhaftig zum Ausdruck bringen, eine Bitte richtig formulieren … Dank kurzer Erklärungen und klarer Tipps können Sie belastende Muster schnell erkennen und schon bald auflösen.

Claudia Fabian
Mutig und respektvoll
Nein sagen
Mit Wertschätzung und innerer
Leichtigkeit für sich einstehen
128 Seiten
ISBN: 978-3-8434-1276-6

Schnell passiert es, dass man auf eine Frage oder Bitte mit »Ja« antwortet, obwohl man spürt, dass für einen selbst »Nein« die richtige Antwort wäre. Und das nur, weil man befürchtet, andere zu enttäuschen oder zu verärgern. Das Gegenteil ist der Fall! Wer für seine persönlichen Bedürfnisse einsteht und diese achtsam kommuniziert, erlangt Verständnis und Respekt. Machen Sie sich mit der Gesprächsstrategie der »vier Schritte« vertraut, und es wird Ihnen in jeder Lebenslage möglich sein, Klarheit zu schaffen, auf die eigenen Gefühle zu hören, mit aufrichtigem Bedauern Nein zu sagen und dem Gesprächspartner trotzdem ein gutes Gefühl zu geben.

Claudia Fabian
Zuhören und Hinhören
Uns selbst und anderen
128 Seiten
ISBN: 978-3-8434-1308-4

Wir alle kennen das: Wir wollen unserem Partner abends erzählen, was wir am Tag erlebt haben – doch dieser hat nur Augen und Ohren für sein Smartphone. Oder ein Bekannter berichtet uns von seinem letzten Urlaub – und wir driften gedanklich ab. Anderen aktiv zuzuhören und von unseren Mitmenschen gehört zu werden, ist in unserer schnelllebigen Zeit aufgrund der gestiegenen Anforderungen im privaten und beruflichen Umfeld zu einer Herausforderung geworden und dabei wichtiger denn je. Claudia Fabian gibt uns Übungen und Beispiele für das alltägliche Miteinander an die Hand, mit denen es uns leichtfällt, Balance in unsere zwischenmenschliche Interaktion zu bringen. Ebenso gilt es aber auch, auf uns selbst und unsere Bedürfnisse zu hören und unsere innere Stimme wahrzunehmen. Lernen wir wieder, bewusst zuzuhören – uns selbst und anderen.

Claudia Fabian
Lob und Anerkennung
... frei von Manipulation
128 Seiten
ISBN 978-3-8434-1337-4

»Spitze!«, »Gute Arbeit!«, »Das hast du toll gemacht!« … solche Sätze hört wohl jeder gern, doch lauert dahinter nicht die Erwartung, dass man noch mehr leistet? Lob ist nicht gleich Lob. Wie lobt man einen Ehemann, der wieder freiwillig ins Fitnessstudio geht? Mit welchen Worten motivieren wir einen Mitarbeiter, ohne Druck weiterhin seine gute Leistung abzurufen? Und wie zeigen wir unsere ehrliche Anerkennung und Wertschätzung gegenüber der Freundin, die gestern ein offenes Ohr für uns hatte? Die erfahrene Kommunikationstrainerin Claudia Fabian verdeutlicht anhand vieler Beispiele, weshalb Lob nicht nur Anerkennung und Respekt ausdrücken, sondern auch nervend, manipulativ und unangenehm sein kann. Anschaulich deckt sie die vielen Arten des Lobens auf – vom Leistungslob bis hin zum Lob nach dem »Gießkannenprinzip« – und zeigt uns Übungen und Möglichkeiten, die kleinen Fallen in der alltäglichen Kommunikation zu umgehen. Damit ist der Weg frei für ein wertschätzendes und ehrliches Lob, bei dem wir echte Herzensverbindung erschaffen. Wahre Anerkennung ist sehr viel mehr als ein »Gut gemacht!«.

Danke für deine REZENSION

– Gemeinsam sind wir mehr –

Liebe Leserin, lieber Leser,
von Herzen danken wir dir, dass du dieses Buch in den Händen hältst und es bis zum Ende gelesen hast. Das bedeutet uns, dem Schirner Verlag und seinen Autoren, sehr viel. Aus voller Überzeugung und mit Hingabe widmen wir uns seit vielen Jahren Themen, die unser aller Lebensqualität und Bewusstwerdung dienlich sind, und hoffen, einen Beitrag für eine lichtvollere Welt leisten zu können. Wenn dir unsere Arbeit gefällt, möchten wir dich bitten, dir einige Minuten Zeit zu nehmen, um dieses Buch zu rezensieren. Warum? Die meisten Menschen lesen Rezensionen, bevor sie ein Buch kaufen, da sie hierdurch einen Eindruck bekommen, ob und wie der Inhalt des Buches den Leser erreicht hat. Eine kurze Rezension ist dabei ebenso hilfreich wie eine lange, sehr ausführliche. Um es auf den Punkt zu bringen:

Eine Rezension ist heutzutage die beste Werbung für ein Autorenwerk!

Wenn du den Schirner Verlag und seine Autoren neben dem Buchkauf auch anderweitig unterstützen willst, dann bitten wir dich: Schreibe für jedes Werk eine Rezension – vielleicht als persönliche Leseempfehlung für die Buchhandlung in deiner Nähe oder online, z. B. beim Schirner Verlag. Das wäre nicht nur eine Wertschätzung für die Autoren, sondern kann dazu beitragen, dass die Verkaufszahlen steigen und der Schirner Verlag auch in herausfordernden Zeiten Bestand hat.

WIE SCHREIBT MAN EINE REZENSION?

Grundsätzlich sollte eine Rezension aus der eigenen, subjektiven Sicht geschrieben werden, da es sich um eine persönliche Meinung handelt. Du kannst in zwei Sätzen deine Gedanken zu dem Buch äußern oder eine längere Rezension verfassen. Falls du nicht weißt, wie du beginnen sollst, hier ein paar Anregungen:

- War das Buch leicht verständlich geschrieben? Wie hat dir die Sprache gefallen? Wie empfandest du die Aufteilung der verschiedenen Themen?
- War es unterhaltsam? War es deiner Meinung nach mit Herzblut und Liebe geschrieben? Wie hat es auf dich gewirkt?
- Hat es dein Herz berührt? Konntest du dich wiederfinden?
- War es tief greifend genug? Hast du viel Neues gelernt?
- Hat es gehalten, was der Titel und die Buchbeschreibung versprochen haben? Hat es deine Erwartungen erfüllt?
- Was macht das Buch besonders? Warum sticht es heraus im Vergleich zu anderen Büchern, die ein ähnliches Thema behandeln?
- Würdest du das Buch weiterempfehlen oder verschenken?

Dankeschön

lesen, fliegen, landen
Schirner Verlag

Bildnachweis

Bilder von der Bilddatenbank www.shutterstock.com:

Schmuckelemente auf allen Seiten: Blume des Lebens: # 144072169 (© Peter Hermes Furian), Hintergrundbild bei der Ü1: # 1033073062 (© Plasteed)

Weitere Bilder: S. 7: # 411246616 (© Joe Besure), S. 12: # 641586910 (© epixi-mages), S. 19: # 1215016948 (© YuriyZhuravov), S. 25: # 717575632 (© YAKOB-CHUK VIACHESLAV), S. 28: # 373830868 (© Jacob Lund), S. 30: # 370595594 (© Undrey), S. 45: # 1099487054 (© Asier Romero), S. 57: # 1098471164 (© Song_about_summer), S. 62: # 275161592 (© A. and I. Kruk), S. 73: # 1232723308 (© Korawat photo shoot), S. 79: # 408989071 (© Yulia Grigoryeva), S. 93: # 1338610352 (© panitanphoto), S. 100: # 644864866 (© Leszek Glasner), S. 117: # 525845020 (© Dudarev Mikhail)